先生教你写文章

读写门径

张志公　著

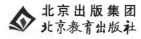

北京出版集团
北京教育出版社

图书在版编目(CIP)数据

读写门径 / 张志公著. —北京 ： 北京教育出版社，2014.3

(先生教你写文章)

ISBN 978-7-5522-3428-2

Ⅰ. ①读··· Ⅱ. ①张··· Ⅲ. ①汉语-写作 Ⅳ. ①H15

中国版本图书馆CIP数据核字(2013)第293583号

先生教你写文章

读写门径

张志公 著

*

北京出版集团 出版
北京教育出版社

(北京北三环中路6号)

邮政编码：100120

网址：www.bph.com.cn

北京出版集团总发行

全国各地书店经销

三河市同力彩印有限公司印刷

*

710×1000　16开本　10.75印张　120千字

2014年3月第1版　2020年11月第2次印刷

ISBN 978-7-5522-3428-2

定价：21.80元

版权所有　翻印必究

质量监督电话：(010)58572393，62698883，58572750　购书电话：(010)58572909

出版说明

语文是我国基础教育最基本的必修科目，起着培养基础语言文字能力和熏陶人文精神的作用。而作文又是语文这一科目的重中之重，写好作文不仅仅是应试之需，更是立己立人之需。陶冶情操、传承人文是作文的内在要求。

“先生教你写文章”丛书与市面一般作文图书的最大不同在于，本套丛书收录了二十本垂范后世的教育大家关于作文写作的经典著作（个别文字有修改）。

最好的老师——遍览世纪大家风采

本丛书包括如下作者：梁启超、夏丏尊、胡怀琛、高语罕、刘半农、蒋伯潜、叶圣陶、孙俍工、阮真、朱光潜、朱自清、章衣萍、谭正璧、孙起孟、沐绍良、唐弢、张志公、朱德熙等。他们亲历三千年未有之大变局，在前所未有的文化嬗变中，既葆有旧时代的文脉，学问周正一流，又兼有新时代的精神，开拓创新，视野宽阔，能吸收西方的先进理念。他们的著作兼具传统与现代汉语的内在之美，都是典范传世之作。他们的为人与为文影响、滋养了几代中国人。

这些教育大家确立了现代中国白话文写作的典范，如：梁启超先生的文章明白畅达，在当时受到一代青年学子的追捧；朱光潜先生的文章深入浅出，讲解生动；朱自清先生的散文优美清丽，早已是中国散文史上的经典之作。

这些教育大家亦是中国现代汉语规范的创立者和语文教育的真正开创者：如张志公先生提出了“汉语辞章学”的概念，初步构拟出汉语辞章学的理论框架；又如汉语语法学界的语言学大师朱德熙先生，是一位富于开创精神的杰出学者，在语法研究上以其独特的语法思想与科学的分析方法，深入地研究汉语语法现象，奠定了汉语描写语法的基础。

最好的指导——倾心传授写作之道

本套丛书凝聚了数代学界名流的学术成果和研究心血。语文教育大家叶圣陶先生从写什么、怎样写、文章句子的具体安排、文章中的会话一直到文章的静态与动态，都一一详述；夏丏尊先生从阅读到写作的论述语言生动，见解独到，举一反三；梁启超先生对于作文之法则、规矩的讲论，语言畅达，并富有说服力，全面阐述了各类文体所应遵循的规则，以及提高写作水平的方法；朱光潜先生以深厚的学术涵养，从理论高度来谈论写作，文章深入浅出，语言平易近人，让读者在美学照应之下得到关于写作的内在之道；朱自清先生对于写作有自己独特的见解，认为“思想、谈话、演说、作文，这四步一步比一步难，一步比一步需要更多的条理”，推崇“多看、多朗读、多习作”；朱德熙先生从主题、结构、表现、词汇、句子、标点等六方面阐述写作之道，每章之后附有习题，举例丰富，说明切实具体，体现着朱德熙先生关于中学语法教学的先进理念……这些论述在当时对于提高中学生的写作能力裨益甚多，我们相信，对于当下中学生的写作同样具有极大好处，对提高中学语文教学质量一定也具有重要的指导作用。

虽然历史已往，时代在变，但是传统文化中那些熠熠闪光的精华永远不会被埋没。

我们希望通过本套“先生教你写文章”丛书让读者朋友从中领悟文章写作一脉相承和推陈出新的道理，给现代作文教育一个新的思考方向，也希望能帮助中学语文教师更好地指导学生学习写作，更希望广大青少年读者，尤其是在校中学生可以通过这套丛书更深刻地理解写作的内在精要，真正掌握写作规律，从而提高写作能力。

先生之诚，作文之道，尽在于此。

2014 年 3 月

本书说明

《读写门径》是选取《张志公文集》第三卷中“读写门径”中大部分，又加入其它几篇谈写作的文章合编而成。这些文章都是张志公先生关于作文写作与教学的精髓之谈，内容涉及作文的写作思路、练习写作的方法、古代辞章之学等等。言简意赅，深入浅出，将作文写作的奥秘一一拆解，是真正的大家之作。

目 录

Contents

一　为什么写？写什么？

当你看到这个题目的时候，你的第一个反应可能是感到好笑。是吧？

> ★ 不同的学校，不同的班，作法是各不相同的。

“为什么写？因为我们有语文课，语文课要求每周一次‘小作文’，两周一次‘大作文’，既然这样要求，当然就得照着作，就得写了！写什么？老师出什么题目就写什么呗！你大概不知道中学生每天干些什么，不知道现在很多大学也开了语文课，有的还有写作课，你也不知道那些大学生每天干什么，所以问出这么可笑的问题来。”

不，你猜错了。我知道你们每天干些什么——当然不完全一样，不同的学校，不同的班，作法是各不相同的，所以我只知道个大概，不全面，不过，无论如何，我对你的答案是不能满意的。

顺着你的思路，你很可能这样接着往下说：“考语文，往往会考作文。学期考试，学年考试，毕业考试，统考，升学考试，都可能考作文。作文难！所以必须常常写。写各式各样的题目，凡是有可能出的某一类题目，都写写试试才好。”

越说越不对了！

★ 如果还常常得写点东西，那么，你是为什么写呢？写什么呢？

这里，我暂且不谈学习目的等等那一类问题。一谈，你会说我讲大道理吓唬你，听不进去。我再提一个问题吧。如果你现在已经不是学生，是一个已经离开学校，参加了某种工作的青年，你已经没有什么“小作文”“大作文”“考作文”这些麻烦，那么，你还用不用钢笔呢？还写不写呢？如果还常常得写点东西，那么，你是为什么写呢？写什么呢？

对这个问题，可能有两种反应。现在还是学生的，可能这么说：“那是以后的事，以后的事以后再说。反正现在的问题是‘小作文’‘大作文’‘考作文’。就是为此而写，就得学写各种各样的‘记叙文’‘说明文’‘议论文’。以后吗？说不定我顶替我爸爸去当工人，用不着写什么了。”这些想法的错误得说一说，也比较

好说，因为只要用小道理就可以说清楚，不必讲大道理。在学校里学习就是为以后离开学校要用。如果你上学的时候不考虑这个问题，功课尽管考了优等，考了100分，可是出了学校之后，学的那点东西不管用，叫你写点什么都抓瞎，那样，你可要吃苦头了！当工人就用不着写什么了？今天已经不都这样了。你今年多大？十几岁？再过10年，20年，30年，40年，社会该是什么样子了？那时候的文化、科学、技术该是什么样子了？要想得远一点啊，你来日方长[1]啊！

现在已经离开学校参加了工作的，很可能马上想到所谓“应用文”，什么书信、便条、通知、启事、调查报告、工作总结等等，猜想我提出上边那个问题大概是希望得到这样的回答：“参加工作之后需要会写‘应用文’，因此要写，主要是学写‘应用文’。”爱好文学的很可能感到有点迷惘。“他的意思会不会是说，文学是用来团结人民、打击敌人的，要学会写文学作品呢？然而，据说这位张某是重视语言、不重视文学的，他怎么忽然提倡起学写文学作品来呢？”

的确，这些都不是我希望得到的答案。

由此可见，“命题作文”是很不容易的。你得揣摩命题者为什么出这么个题目，他出这个题目的意图是

[1] 来日方长：意为未来的日子还很长，表示事有可为，或劝人不必急于做某事。出自宋代文天祥《与洪瑞明云岩书》。

什么，他希望作文的人说些什么。

我倒并不是要考考你，要难为难为你。完全不是！我出这个题目是因为，这是许多年，许多许多年，一直没解决，或者说没完全解决，至少在教语文和学语文的很多人中间没解决的一个老问题。而这个问题如果不解决，教写、学写的路子就走不正，效果就不会好，这里不得不说句大道理的话了，就不合乎四个现代化建设的需要。

这一栏既是要谈“写”的，首先就不能不把这个问题提出来，大家思考思考，共同商量商量，在大家的想法基本一致，或者，至少，比较接近的情况下，才好谈下去。否则，我谈我的，你想你的，很少“共同语言”，那怎么行呢？

这次就谈到这里为止。咱们不留“家庭作业”，所以你不必写。（如果你愿意写，有时间写，当然并不禁止。多写总是好事。写好，你自己留起来就是了。）但是请你把这个问题好好想一想。下次，我说说我的想法。碰一碰，看看咱们是否想到一块去了；如果没有，看看距离还大不大。——我推断，由于这次把问题这么突出地[1]一提，咱们的想法很可能会大大接近起来。这也正是这次我只提问题不谈想法的原因。大家想到

[1] 地：原书中为“的”，下同。

一块去，要比一个人说给大家听的效果好得多。更何况，我想的也并不一定就对呢？

本文和后边四篇〔《两种目的　两种文章》《对象和目的》《篇章》《篇章（续）》〕分别刊于《青年文摘》[1]1983年第1、3、4、5、6期。

[1]《青年文摘》：共青团中央主管、中国青年出版总社主办，创刊于1981年1月，自2000年起改为半月刊，是中国发行量最大的青年杂志。

二 两种目的 两种文章

这一次咱们就来讨论讨论上次留下来的问题：为什么写，写什么。

★ 为什么写？答案很简单：因为要用。

为什么写？答案很简单：因为要用。生活里需要书；念书做学问，需要写；作任何工作都需要写；抒发点思想感情想影响影响别人，需要写；搞科学研究，建设物质文明和精神文明，都需要写。所以，只要不是文盲，人人都得有一支笔。

那么，写什么？答案也很简单：写有用的东西，在生活里、工作里……要用的东西。

不是闲着没事儿，为消遣而写；不是为装点门面，显示点才情而写；不是为了通过考试获取某种私利而

写。你不要认为这是些无稽的闲话。想当年，这一类的不纯正的写作目的都曾经确确实实地有过；并且，其中有的到今天还并非没有影响，也许形式上不一样了，骨子里头还差不多；更重要的是，抱着诸如此类的目的教写，学写，正是若干世纪以来写作的教与学失败的根本原因。——不要只看见历史上出过李白[1]、杜甫[2]、曹雪芹[3]等等，现代出过鲁迅[4]、茅盾[5]、朱自清[6]等等，要想到，“十年寒窗”终于写不通的，笔杆不管用的，是成千上万的啊！

所以，咱们谈写作，必须从这儿谈起：为什么写，写什么。不把这个问题闹清楚，谈写作是谈不下去的；或者是会到岔路上去的；或者是谈点空话，不起什么作用的。

运用语言，无论是口头上还是书面上，目的不外两大类。一类是为处理具体的实际问题的，是要办事情的；一类是用语言作工具搞点艺术，去感染听者或读者，使人受到熏陶，在思想、感情、情操等方面受到影响。这里只讲书面，也就是写。以前一类目的而写，形成了多种的应用性文体；以后一类目的而写，形成了多种的文学性文体。

这里所说的应用性文体，可不是一般常说的那种

❶ 李白（701–762）：字太白，号青莲居士，唐朝浪漫主义诗人，被后人誉为“诗仙”。

❷ 杜甫（712–770）：字子美，自号少陵野老，唐代伟大的现实主义诗人，被后人称为“诗圣”，他的诗被称为“诗史”。

❸ 曹雪芹：清代伟大的小说家。中国长篇名著《红楼梦》的作者。

❹ 鲁迅（1881–1936）：近代著名的文学家、思想家、革命家，代表作有《呐喊》《彷徨》等。

❺ 茅盾（1896–1981）：现代著名作家、文学评论家，代表作《子夜》《蚀》三部曲等。

❻ 朱自清（1898–1948）：现代著名散文家、诗人、学者，代表作有诗集《踪迹》，散文《背影》《你我》《荷塘月色》等。

“应用文”，比那个范围广得多，可以说，除了文学性文体以外的，都是应用性文体。各行业都有自己为处理各种问题所需要的应用文。国家机关要处理各种公务，于是需要写公文，包括下级往上级送的请示、报告等等；上级下达的决定、决议、指示、命令等等；同级之间沟通、联系、协商等等；国家立法部门制定的法律、法令、条例等等；司法部门的起诉书、抗诉书、判决书、裁定书、证词笔录、辩护词等等；科研设计单位的各种类型的设计说明和科研论文等等；教师的教案等等；医生写的病历、诊断书等等；工厂、商店写的广告、商品说明等等；各种公共场所公布的一些规则（图书馆借阅规则，公安部门发布的交通法规，影剧院的观众须知，等等）；诸如此类，还有好些，都属于应用性文体。学生写听课笔记，写读书摘要；任何人写封家信；探望亲友未遇留个条子；等等等等；也都是应用性文体。

文艺性文体从押韵不押韵的角度分，有韵文❶、散文❷两大类。韵文包括诗歌、歌谣、辞赋、词、曲等，散文包括古代经传史书，以及小说和抒情、记事的文学作品等等。现代散文又指与诗歌、小说、戏剧文学并称的一类文学体裁，还可分为杂文、小品、随笔、

❶ 韵文：韵文是讲究格律的，甚至大多数要使用同韵母的字作句子结尾，以求押韵的文体或文章。包括了如赋、诗歌、词曲等。

❷ 散文：散文是与诗歌、小说、戏剧并称的一种文学体裁，指不讲究韵律的散体文章，包括杂文、随笔、游记等。是最自由的文体，不讲究音韵，不讲究排比，没有任何的束缚及限制，也是中国最早出现的行文体例。通常一篇散文具有一个或多个中心思想，以抒情、记叙、议论等方式表达。

报告文学等等。

文艺性文体，每一大类又可再分小类，如诗歌可分为叙事诗和抒情诗，格律诗[1]和自由诗[2]等。叙事诗又可分为史诗、英雄颂歌、故事诗、诗剧等；抒情诗又可分为颂歌、哀歌、挽歌、情歌等，不一而足。

会写应用性文体的文章，是任何人都需要的，几乎可以说无一例外。每一个受过中等教育甚至受过小学以上教育的人，都要写他在生活、工作和学习问题上所需要的应用文，这种写作能力是作为现代社会的公民必须具备的。社会交际不可能都是口头交际，书面交际占很大的比例，占很重要的地位。要完成社会交际的职能，完成各项工作，提高工作效率，从事某项工作的人，就要能够写好和他的工作有关的应用文。建设高度的精神文明，要提高全民族的文化水平，其中也包括着提高写作水平。

文艺是每个受过教育的人都要接触的；文艺生活是社会生活中不可缺少的部分。因此，大家都需要读些文艺作品，提高文艺素养，具备一定的文艺欣赏和鉴别能力。至于创作，就写文学作品，在社会上，是少数人的事，并非每个人都得会写一两种文艺性作品。换言之，一定的文艺素养是人人需要的，而文艺创作

❶ 格律诗：诗歌的一种。格律诗是指唐以后的古诗，分为绝句和律诗。按照每句的字数，可分为五言和七言。篇式、句式有一定规格，音韵有一定规律，变化使用也要求遵守一定的规则。

❷ 自由诗：诗体的一种。19世纪末20世纪初源于欧洲。其体结构自由，段数、行数、字数没有一定规格；语言有自然节奏而不用韵。在西方以美国诗人惠特曼为创始人。我国“五四”以来的新诗也流行这种诗体。自由诗又称新诗，这是相对旧体诗而言的。它在章节、音步、押韵等方面都比较自由、灵活，没有格律诗那样严格、固定的限制和约束。

能力，不是人人都需要的。在这一点上，文艺性文体和应用性文体不同。大家几乎每天都要和应用性的文体打交道，可以说人人都得会写点应用性文章，绝少例外。所以，谈写作，应以应用性文章（不是“应用文”）为主，虽然文艺性作品的写作也应当谈谈。

应用性文体包括的范围很广，可以分很多类型。从实际应用的目的出发，应用性文体在语言上有共同的特点，总的要求是便于处理工作，解决具体问题。

应用性文体既是各行各业中都有的，类别很细。随着社会发展、工作需要也在不断变化，难以一一列举。大别之，有用于生活的，有用于工作的，有用于科学研究、科学实验的。由于应用目的不同，在语言运用上、写法上又分别有一些特定的要求。

应用性文体实用性强，自然和时代、社会的关系很密切。应用性文体在各个社会，各个时代都有变化，以适应这个社会、时代的政治、经济、文化和日常生活的需要。封建社会的应用文，自然反映封建意识，反映封建宗法制度[1]，反映君君臣臣的封建关系，而资本主义社会的应用文，反映资本主义的政治、经济关系。就是同样的社会，在不同的时期，应用文的体式也不同。随着历史的进展，一些应用文消失了，一些

[1] 宗法制度：由氏族社会父系家长制演变而来的，是王族贵族按血缘关系分配国家权力，以便建立世袭统治的一种制度。其特点是宗族组织和国家组织合而为一，宗法等级和政治等级完全一致。这种制度确立于夏朝，发展于商朝，完备于周朝，影响于后来的各封建王朝。

应用文有进一步的发展变化，并不断产生一些新的应用文。唯其如此，关于应用性文体的分类是不稳定的，在不同社会、不同时代，讲述应用性文体的著作体系是各不相同的。

举例来说，古代常用的奏议类应用文，现代就消失了。奏议是臣下给君王的书信和意见书，这种文体两千多年前的战国就有，当时称作“书”，如《战国策》[1]的《乐毅报燕惠王书》[2]，《史记》[3]中李斯的《谏逐客书》[4]，《汉书》[5]中写晁错的《言兵事书》等。秦朝开始把臣子上书给皇帝称为“奏”，汉代把这类文体分为章、奏、表、议等四类，后人简称为“奏议”来概括。魏晋南北朝把“奏议”类都叫作“表”，如诸葛亮的《出师表》[6]，李密的《陈情表》[7]等。奏议类文章在长期的封建社会中很受重视，既然是写给君王的，内容多与国家大事有关，总是提出自己的意见，建议希望君王接受。所以一般写得很认真，有论点，有论据，语言平实。很多奏议类文章至今流传，多由于语言运用高超，今天还可以借鉴。但是作为一种应用文体，现代已经消失了。因为时代变了，不存在君臣的等级关系，这种臣下给君王的书信也就不存在了。此外，像[8]封建社会中常用的“诏令”“颂赞”“箴

❶《战国策》：一部国别体史书，西汉末刘向编定为三十三篇，书名亦为刘向所拟定。

❷《乐毅报燕惠王书》：战国时期燕国大将乐毅回复燕惠王的信。

❸《史记》：由司马迁撰写的中国第一部纪传体通史，是二十五史的第一部。

❹《谏逐客书》：李斯给秦王的一个奏章。

❺《汉书》：由我国东汉时期的历史学家班固编撰，是中国第一部纪传体断代史。

❻《出师表》：分为《前出师表》和《后出师表》两篇，是三国时期蜀汉丞相诸葛亮两次北伐时写与刘禅的奏章。

❼《陈情表》：西晋李密写给晋武帝的奏章。文章叙述祖母抚育自己的大恩，以及自己应该报养祖母的大义。

❽像：原书中为“象”，下同。

铭”“碑志”等一类应用文，都有一定的格式，派一定的用场，现代也没有了。古代的“祭文”[1]，现在不用了，但是有了一种性质略有近似之处的“悼词”[2]。现代社会中，关于常见于报刊杂志、电视、电影中的各种国内外新产品的广告、说明之类的应用文，封建社会当然是没有的。

不要说古今时代不同，应用文会有变化，就是现代社会，随着社会的不同需要，应用文也有变化。十几年前，“大字报”“小字报”“大批判”“小评论”“决心书”“报喜信”等是常用的应用文，现在“大字报”“小字报”已经不用了，空洞的“大批判”“小评论”，形式主义的“决心书”“报喜信”之类也少见了。

应用性文体的形式很多，有的虽然古今都有，形式也有很大变化，语言运用上也有变化。比如书信体，历代都比较重视，常常通过和亲友之间的书信往来发表自己的看法。文言文的书信体，格式很严格，下对上，幼对长，写信时有很多特殊要求，用词造句也很严格，丝毫不能马虎。现代书信作为应用文，可以表达很丰富的内容，语言运用上简洁、准确就可以，格式虽有一点，但不像古代书信的格式那么复杂拘谨[3]了。

学习应用性文体要注意时代性和社会性。有个茶

[1] 祭文：文体名。祭祀或祭奠时表示哀悼或祷祝的文章。体裁有韵文和散文两种。内容主要为哀悼、祷祝、追念死者生前主要经历，颂扬他的品德业绩，寄托哀思，激励生者。同时，祭文也是为祭奠死者而写的哀悼文章，是供祭祀时诵读的。它是由古时祝文演变而来，其辞有散文，有韵语，有俪语。

[2] 悼词：对死者表示哀悼的话或文章。它有广义和狭义之分。广义的悼词指向死者表示哀悼、缅怀与敬意的一切形式的悼念性文章，狭义的悼词专指在追悼大会上对死者表示敬意与哀思的宣读式的专用哀悼的文体。

[3] 拘谨：拘束谨慎；拘束而不自然。

店在门口立了一幅广告：“欢迎工农兵同志们，请您选购新到的茉莉花茶。”一位机关干部看到后，给报社写信，说我不是工人，也不是农民和士兵，是不是就不被欢迎去买茶呢？这说明这幅广告的语言有点不合时宜了。工、农、兵、机关干部、知识分子，都是社会主义社会的劳动者，不需要为他们分别开设不同的茶叶店。

文艺是对现实的反映，也是对现实的解释。每个作家根据他的生活经验，从不同侧面再现生活，通过形象的独特性和文学语言运用的独特性，形成艺术形式的独特性。作家创作要靠抽象思维，但比较多的运用形象思维。形象思维遵循认识的一般规律，又具有特殊的规律，它一般的不脱离具体的形象，通过由现实引起的联想、想象和幻想，塑造出具体的艺术形象感染读者。在语言运用上，主要的特点是形象性和具体性，运用比喻、夸张、摹绘[1]、比拟、借代、警句、婉曲[2]、反复、对偶、排比等种种表达方式。

谈到这里，我又要留下一个并非课外作业的思考题了。照这样说起来，有应用性文章，有文艺性文章。每一类又有许许多多小类，各有不同的特点，不同的要求，不同的体式。写作这个问题如此复杂，这该怎

[1] 摹绘：修辞格之一，也称摹状、摹写。是摹写人对于事物情状的感觉的修辞方法。摹绘能把客观对象的声情状貌描绘得具体可感，真切动人，被广泛指运用语言手段描摹事物的声音、色彩、气味、情状等。

[2] 婉曲：不直截了当地表达本意，只用委婉曲折的方式、含蓄闪烁的言辞，流露或暗示想要表达的本意。婉曲又可分为曲折、微辞、吞吐、含蓄四类。

么学法呢？这是不是有点吓唬人？

我只回答最后这个小问题：不是。不是吓唬你。你不必害怕。写作这件事，说难是有些难处，但是总起来说，不难，只要认识明确，态度端正，适当下点工夫是完全可能学得好的。前半那个大问题就留给你自己先去想一想，咱们下次再讨论。

★ 写作这件事，只要认识明确，态度端正，适当下点工夫是完全可能学得好的。

三　对象和目的

谈了两次了。听见两种反映。有些同志很赞成这样像拉家常似的谈写作，希望继续这样谈下去，有些同志希望少“兜圈子[1]”，直截了当说说该怎样写，怎样就能提高写的能力。两种意见我都接受。

不过得说明一点。无论采取怎样的谈法，提高写的能力的关键在于同志们自己多动脑筋想问题。所以我还是要不断地提出问题来请你想。你先想想然后我再谈；我谈了之后你再想一想。这样来来回回地想了谈，谈了想，可能不大习惯于板着脸的“教”人家“怎样”写，仿佛人家本来根本不会，我一“教”，人家就会了。哪里有这种事。再有，讲写作的书有很

[1] 兜圈子：绕圈子，比喻说话转弯抹角，不干脆。

多，讲“主题”“叙事”“写景”“状物”“立论”“驳论”等等，那些书大都写得很好，很有帮助，你选一两种好好读读就行，无须我再来重复那些讲法了。因此，我还是以谈为主，咱们这一栏不是叫着“写作一月‘谈’”吗？尽量谈得简要些，爽快些，少说点闲话。我继续谈下去，一边谈着一边随时听取大家的意见，不断地改进谈法。好不好？

今天先谈一点——文章的对象和目的。

★ 写任何应用性的文章，都要把对象和目的明确起来。

一切应用性的文章都是写给特定的对象，为了处理特定的问题，达到特定的目的的。对象可以是个别的，可以是一些人，可以是许多人，可以是某个单位，可以是一些单位，总之，写的人心目中是有明确的对象的。写这文章不是无目的的，而是要处理特定的问题的。要处理的可以只是某一个问题，可以是两个、三个或更多的问题，换言之，目的可以很单纯，也可以比较复杂，总之，写的人心目中是有明确的目的的。写任何应用性的文章，都要把对象和目的明确起来。事实上，在提起笔来之前，对象和目的本来就有了的，否则就不会提起笔来，只不过在落笔之际要在头脑里把对象和目的进一步明确一下，并且就要根据这对象和目的来考虑你的写法。

用最简单的应用性文章为例。比如写信。信是写给谁的，这就是对象；写这封信干什么，这就是目的。假如你是托对方替你买一本书。看来这是极单纯、极小的一件事。然而在写法上要考虑妥当的地方并不少。你写信的这位对象，也就是你要托的人，和你是什么关系？是你的家属、亲属？是你相处很熟、交往很多的一位同志？是一般认识并不很熟的人？还是并不直接认识、没有交往的人？这些决定着你的信用什么样的口气，也决定着某些部分应详应略等等写法上的一些问题。你托他买的是某一本特定的书，还是请他就某一种书代你选购一本？书请他寄到什么地方？书款你准备怎样还他？你是急需，还是并非急需而是要他在方便的时候留意代你买到？这些都要想清楚，写清楚。你为什么要托他替你办这件事，无论托的是谁，总要大体说一说，让人家明白，愿意替你办。这虽是很小的一件事，却也要花费人家不少时间的，到书店去买书，有时候跑一处跑一趟还买不到，需要再跑，买回来要找合适的（邮局肯接受的、不易损毁的）纸来包封。然后再跑邮局去寄发，也相当麻烦的。把这些都想好了，你这封信才会写得清晰、得体，易于解决问题，达到你写信的目的。请不要认为说这些话

★ 把这些都想好了，你这封信才会写得清晰、得体，易于解决问题，达到你写信的目的。

是多余的。这是来自我的切身经验。我有时候收到熟识的同志来信托我买书，也有时候收到不认识的读者来信托我买书，因为知道我是跟书打交道的嘛。这样的来信，有的写得很不客气，也没说明他必须托我代办这件事的道理，表现出他不以麻烦别人为意；有的又过分客气，说了过多不必要的感谢话，显得不简明，更糟糕的是往往由于写得不明白，有些该说清楚的项目没说清楚，使我不好办，比如书名很一般，同名的书不止一种，信上却没有写明作者和出版者，有的地址没写清楚，甚至有的连签名都让我认不出来（这当然是写字的问题，我曾在不得已的情形之下采取过这样的办法：把他的签名剪下来，贴在包封上）。

★ 倘若一封信里说了好几样事，托别人办好几件事，那就需要考虑一下先后的次序，先说什么，再说什么，以至明白地说出轻重缓急，让对方好办。

倘若一封信里说了好几样事，托别人办好几件事，那就需要考虑一下先后的次序，先说什么，再说什么，以至明白地说出轻重缓急，让对方好办。倘若是向对方询问什么问题或是商讨什么问题的信，问什么要十分简洁而明晰，商讨什么既要明晰，也要得体，意见要明确，态度要恰当。即使是亲属、朋友，长时间没见面，没通信，写封信联系一下，没有特定的事情要办，那么，联系联系，互通音讯，这就是目的，就应当想好，自己有些什么情况宜于告诉对方，自己想知

道对方的什么情况，这样，这封信才能产生互通音讯的作用。可见，就是写封信这么一件小事，要写得好，也很有好些地方是需要思考的。至于信的格式，那是很容易的，任何一本讲“应用文”的书都会讲到，要不了几分钟就学得会。所要重视的是根据信的对象和写信的目的，考虑怎样把信写得明晰而得体。这里边其实也包含了“为对方着想”这个重要因素。口头语言和书面语言都是交际工具。交际，是两方的事，不是一方的事。那么在运用语言进行交际的每一方心目中应当放着对方，说话、写文章处处都要想到对方。首先是要给对方方便。根据自己对于对方的了解，话怎样说法最便于他理解，不多也不少，不深也不浅；根据写信的目的，话怎样说法最便于他处理问题，不模糊也不繁琐。其次，根据信的对象和目的也要考虑到对于对方应有的（而不是虚伪的或多余的）尊重和礼貌。

★ 就是写封信这么一件小事，要写得好，也很有好些地方是需要思考的。

再举个例子。我有时候自己买点药品用。药品的说明书，有的写得好，有的差些。前者让我看得清楚明白，并且对它产生信任感，后者反之。这往往也是由于对写说明书的对象和目的是否明确而产生的差异。药品说明书，我想至少可以有三种对象：一是写给医务人员看的，目的在便于他临床应用；一是写给医药商店管进货的人看的，目的在便于他了解这种药的价值，判断对它的需求量，等等；一是写给社会上一般买药的人看的，目的在于让他了解这种药是否适于他的，应当怎样用法，等等。显然，为上述第一种对象和目的而写，大概药理方面，包括构成、作用、副作用等等，需要说详细些，不妨多用“行话”（专业用语），甚至使用外行人不懂的各种符号、公式、图式之类，不必多用大白话；为第三种对象和目的而写，就不能这么“专”了，得通俗易懂，简明扼要，但是成分一般也应当简要地告诉人家，有什么功效、最适用于什么病，以及用法、用量、可能有的副作用、服用注意事项等等更应当说得清清楚楚，实事求是，不能模模糊糊，不能夸大其词。写这类东西，对象和目的不同就必须采取不同的写法，这是显而易见的。我不懂药物学，仅有一点一般常识。凡是我感到模糊或者显然在夸大其词的说明书，这种药我是不大放心去买的，比如，用了不少“贵重”药材、采用“最科学”的制作方法这类的话，功效列了一大串，主治什么病也列了一大串，注意事项往往只有“孕妇忌服”一条，都是些“模糊语言”；偶尔也看见过相反的情况，不仅

★ 对象和目的不同就必须采取不同的写法，这是显而易见的。

说明了成分，连化学分子式都列出来了，我看不懂。说得太模糊的，显然广告性多于说明性的，让我看不懂的，附有这些情况的说明书的药，我都不敢买，或者不愿意买，除非是医生给我开的处方。

写任何东西都要明确对象和目的，都要为读者考虑。这是最根本的一条。就连文学性的作品，作者心目中其实也是有对象、有目的的，只是往往不如应用性文章那么突出而已。我并不一般地反对“命题作文”，不过，“命题作文”大都不管对象和目的，这一点我是不同意的。出个“春雨”作题目，咱们每个人都能对付出一篇或长或短的文章来。但是，这篇文章是写给什么人看的，为什么目的而写的，要解决什么问题的，统统不知道。用这种方法练习写作，也不能说一点用处都没有；可是用处不大，害处却不小。一个人在生活中、工作中、科学研究中，什么时候需要写这种无对象无目的的文章呢？可是这种习作方法行之有年，大家都很熟悉它，视为提高写作能力的必由之径。我劝大家改变一下这种写作态度。写任何东西首先要明确对象和目的，要想到你的读者。当你把这些明确起来的时候，写这篇东西的内容、方法、技巧大概已经解决了一大半了。

★ 写任何东西都要明确对象和目的，都要为读者考虑。

又要留下个问题请你思考一下了。如果给你出个题目，比如“万里长城”，要你写篇文章。你先设想一下，这篇文章可以有哪几种对象和目的？当你把对象和目的明确起来的时候，你是否感到文章好写一点了，不再对着那四个字发愣了？写出来的文章是不是会更有用一些了？这次谈的过程中，好几处提到“得体”，什么是“得体”？

★ 当你把对象和目的明确起来的时候，你是否感到文章好写一点了，不再对着那四个字发愣了？

四 篇章

上次说过，不论写什么文章，首先要把对象和目的明确起来——这篇文章是写给什么人看的，是要解决什么问题，达到什么目的的。这是决定文章怎样写法的前提条件。

这里必须先说一说上次还没来得及说的一个重要问题：明确写某篇文章的目的，同时还要检查一下这个目的是否正确。比如，写一篇产品说明书，目的是让购用者充分了解产品的特点、性能和使用时应注意之点以利于购用者呢，还是不切实际地吹嘘这种产品，骗取人家的信任，以利于多销售、多获利呢？给报纸写篇文章，批评（或称赞）某人、某事、某书，是抱

★ 明确写某篇文章的目的，同时还要检查一下这个目的是否正确。

着与人为善的态度，以帮助别人改善、提高，同时也帮助读者正确认识为目的呢，还是抱有其他不纯正的目的？写一篇辩论性的文章，是确信自己的观点正确，别人的观点不正确，因而要阐明自己的观点，反驳别人的观点，使对方或其他的人能够正确认识所涉及的问题呢，还是更谦虚的只要申述自己的观点，和别人一同商量探讨呢，还是明知自己的观点不对或者不全对，硬要辩一辩以维护自己的声誉和面子或者显示一下自己多学善辩呢？如此等等。

无目的，为作文章而作文章，这样的文章没有用处，我们不提倡。连唐朝的诗人白居易[1]都不赞成“嘲风雪，弄花草”的文章，主张“文章合为时而著，歌诗合为事而作”，难道我们能连白居易的见解都赶不上吗？抱着不正确的目的写文章，我们反对。这首先是思想品质的问题，如何做人的问题，不只是写文章的问题了。

对象和目的明确了，下一步该怎么办呢？是不是马上就动手写起来？

不，不要那么忙。要根据所确定的对象和目的，先筹划一下。

怎么筹划法？从哪里筹划起呢？从篇章入手来进

[1] 白居易（772—846）：字乐天，号香山居士，又号醉吟先生，唐代伟大的现实主义诗人。白居易与元稹共同倡导新乐府运动，世称“元白”。他的诗歌题材广泛，形式多样，语言平易通俗，有《白氏长庆集》传世，代表诗作有《长恨歌》《卖炭翁》《琵琶行》等。

行筹划，也就是首先考虑整篇文章的写法。

一篇文章是由若干段组织成的，一段是由若干句组织成的，一句是由若干词组织成的。从小到大是词、句、段、篇。然而在实际运用中，无论是读文章或者写文章，思考的程序是倒过来的，由大到小。读（这里指默读，也就是平常说的“看”）一篇文章当然是一个词一个词地读下来，有时候也跳着读，并不是一词不落的；无论是怎么读法，反正一遍读下来，首先得到的是对整篇文章的印象、理解和认识——这篇文章是讲什么的，讲得怎么样，内容重要不重要，讲得好不好。如果觉得重要，写得好，于是回过头来琢磨琢磨，看看文章分了多少段，一共说了几层什么意思，一段一段之间，一层一层之间，是些什么关系。在这样思考揣摩的过程中，会不时地发现一些特别重要的句子，或者很突出，在表达上起的作用比较大，或者含意比较深刻，话说得比较有力量，或者有别的足以引起人注意的特色；同样，也会不时地发现一些这样的词。这时，对文章的理解就深入了一步。通常情况下读一般的文章，往往只是像上边说的那样读一遍，得其大意而已；对比较重要些的文章，大概也就是上边说的再琢磨一遍。少数更重要的或者自己特别喜爱

★ 然而在实际运用中，无论是读文章或者写文章，思考的程序是倒过来的，由大到小。

的文章，可能来个第三遍，把一些重要的、层次结构复杂的句子分析分析，把里边的关系搞得清楚明透一些；把用法比较新颖的、有点新意或深意的词多揣摩揣摩，把一些比较生的、自己不大懂的词查一查。总之，全部的步骤是由大到小，越来越细致。

写文章也是这样。对象和目的确定之后，动手下笔之前，总是先把整篇文章通盘筹划一番。古人把这种通盘的筹划叫作章法。草稿写出来了，再逐段、逐句、逐词地斟酌，调整，修改，润饰，古人把这些叫作股法、句法、字法。历来都认为，学写文章，首先要重视章法。古人总结出来的这条经验，是符合写作实际的。

★ 对象和目的确定之后，动手下笔之前，总是先把整篇文章通盘筹划一番。

对整篇文章的通盘的筹划，是筹划些什么呢？

这里，我想不妨先把上次留下的那个问题拿来讨论一下。“万里长城”这个题目，可以用什么写法？如果你是第一次游览长城，登上最高处向遥远的前方、左方、右方眺望，大为那雄伟壮丽的景色所动，浮想联翩，感触很多，回来想把你的感触写下来寄给一位爱好文学的朋友，使他也能分享一点你的感受。我想，也许你可以写一首诗，无论新体的或旧体的，来抒发你的感情。如果你想写篇东西劝住在北京却还没见过长城的青年去游览游览，大概你需要写成一篇以描绘为主的文章，多少有些介绍说明比如说明它作为全世界知名的古迹的历史文物价值了，有点敦促的话，总之，要使你的文章有说服力，使读的人看了之后真想赶紧去游览一趟。如果你是为供旅游者使用的《北京名胜古迹图册》里“万里长城图（或照相）写一个说明，那就得写得很简短。既已有了图画或照相，就无须描绘了：这里也无须用其抒情赞叹，倒是需要有点简要的知识性的介绍；比如长城大致是从什么时候到什么时候那段时期里修造的，是一次修造成功，还是多次陆续造起来的，东西有多少里长，从哪里到哪里，经过哪里，有些什么重要关口，以至每块砖有多大多重，如果篇幅许可，还可以介绍一两个与长城有关的传说故事，如孟姜女故事[1]等。总之，需要的是简要平实的介绍说明，文字要非常简洁，如果用了数目字，要准确；如果说它的历史，也要准确。倘若你是给儿童少年的通俗读物或者连环画册之类写文章介绍长城，那显然需要另一种写法。倘若你是给一部中型的百科词典写长城这个条目，写法又得有所不同。由此可见，同是写长城，由于对象和目的不同，要求采取各种不同的写法。这里所说的写法，包括好几个方面的考虑，

[1] 孟姜女故事：即孟姜女哭长城的故事，是我国古代著名的民间传说，它以戏剧、歌谣、诗文、说唱等形式，广泛流传，可谓家喻户晓。相传秦始皇时，劳役繁重，青年男女范喜良、孟姜女新婚三天，新郎就被迫出发修筑长城，不久因饥寒劳累而死，尸骨被埋在长城墙下。孟姜女身背寒衣，历尽艰辛，万里寻夫来到长城边，得到的却是丈夫去世的噩耗。她痛哭城下，三日三夜不止，这段长城就此坍塌，露出范喜良尸骸，孟姜女于绝望之中投海而死。

这些考虑就是下笔之前必须进行的通盘的筹划。

有几篇常见的文言文，都是讲学习的，中学语文课本里选用过，有些文言文注释读物中也常选用，估计你们很可能读过。一篇是清人彭端淑❶的《为学一首示子侄》❷；一篇是韩愈❸的《师说》；一篇是荀子❹的《劝学篇》❺。彭端淑那一篇是写给他的“子侄”们看的，教育他们学习要艰苦努力，持之以恒，即使条件差些，终必成功；反之，不肯吃苦，没有毅力，条件再好也将失败。因为是写给孩子们看的，文章不长，写得很浅，没讲什么大道理，而是通篇用了一个比喻（一般称为讽喻），让孩子们通过这个比喻性的故事悟出学习成败的道理来。韩愈那篇文章是写给他的一个成年学生的，也不长，类似一篇“序”，主要讲了从师学习的重要性，师生应有的关系，批评了当时士大夫们只从地位上而不从学问上考虑师生关系，实际是不重视学习，还不如他们看不起的工匠、技术人员等倒知道应当从师学习，针对时弊发了一通议论（有的地方是发牢骚）。荀子的《劝学篇》是关于学习的一篇理论性很强以至带有哲学性的学术论文，是当时百家争鸣中的一家之言，所以比前两篇长得多，也深得多。现代的、当代的讲学习问题的文章很不少，你们一定

❶ 彭端淑（1699–1779）：清朝官员、文学家。

❷《为学一首示子侄》：收录于《白鹤堂文集》，因彭端淑同族子侄很多，但当时连一个文举人都没有，作者见状，甚为忧心，急而训之，所以才写出这篇文章来。

❸ 韩愈（768–824）：唐代文学家，代表作有《师说》《进学解》等。

❹ 荀子（约公元前313–前238）：战国末期著名思想家。

❺《劝学篇》：荀子的名作，在《劝学篇》里，作者否认有“生而知之”的“天才”，强调后天学习的重要性。

读过。请就你们读过的想一想写法上的特点。

篇幅所限，这次只能谈到这里为止。像前几次一样，最后还是留下个问题请你思考，这就是：以关于长城的几种写法、关于学习的几篇文章的写法为例，想一想“对整篇文章的通盘筹划，是筹划些什么？”下次咱们一起来“筹划”。

★ 请就你们读过的想一想写法上的特点。

五　篇章（续）

前一次咱们谈到，要写一篇文章，首先考虑整篇文章的写法，也就是先从全局着眼，进而考虑局部。举了两组例子，表明同是讲某种内容、某个问题的文章可以有几种不同的写法。最后留下了一个问题请你思考：所谓先考虑整篇，是考虑些什么呢？这次咱们就来讨论这个问题。

★ 写文章，先决的是明确文章的对象和目的，它要处理或者解决什么问题。

还得再重复说一遍已经一再说过的那个意思：写文章，先决的是明确文章的对象和目的，它要处理或者解决什么问题。因为这一点非常重要，而咱们多年来的作文训练一直不讲这个，使得想学写作的人很不注意它，却习惯于为作文而作文的那一套，所以我不

厌其烦地一说再说。现在咱们要谈怎样考虑整篇文章的写法，就是在明确了对象和目的的基础上来谈的。

那么，首先考虑什么呢？

首先考虑体裁，也就是说，先确定写成一篇什么体裁的文章。在大多数情况下，既明确了要写的内容，又明确了对象和目的，同时也就确定了应当写成什么体裁。比如，你看到报纸上登了一篇讨论某个学术问题的文章，你不同意他的观点，想写篇文章投寄给那家报纸，希望被登载出来和那位同志商榷[1]一下，也让关心这个问题的读者看看，希望大家能接受你的观点，这就注定了你得写成一篇学术性的议论文。又比如，有人严重地欺侮了你，使你受到损害，你想向初级人民法院告他，希望得到法律的保护，给对方以法律制裁，这就确定了你得向法院写一份起诉书，提起诉讼。再比如，你在学习中遇到一个困难问题，想向远地一位老师请教请教，希望得到他的帮助，指点，你显然得给他写一封信。也有时候，内容、对象、目的都明确了，写成什么体裁的文章还可以考虑考虑，从几种可能性之中选择一下。倘若你刚刚参加了一次什么活动，比如，参加了全国“五讲四美”[2]为人师表活动先进代表会议，觉得这个活动很有意义，你在思想

[1] 商榷：商讨、讨论、协商的意思；用于比较正式的函件。

[2] “五讲四美”：“五讲”即讲文明、讲礼貌、讲卫生、讲秩序、讲道德，“四美”指心灵美、语言美、行为美、环境美。1981年2月25日，全国总工会、团中央、全国妇联、中国文联、中国爱卫会、全国伦理学会、中华全国美学学会等9个单位联合作出《关于开展文明礼貌活动的倡议》，号召全国人民特别是青少年开展以“讲文明、讲礼貌、讲卫生、讲秩序、讲道德”和“语言美、心灵美、行为美、环境美”为主要内容的“五讲”“四美”文明礼貌活动。

上有所得，有所感，回到学校之后想（或者被约请）写篇文章在校刊上发表，让全校师生分享一下你的所得，并且对学校里的“五讲四美”活动起些推动作用，该写成一篇什么体裁的文章呢？这就有好几种可能性了。可以写成一篇朴实的记事，把会议的过程，在开会期间见到的，听到的，如实地记载下来，让没去参加会的人读了你的文章之后也像亲身参加了一样，从而产生和你差不多的感受；总之，以铺陈事实为主，让读者自己去发挥他的想象能力，思考能力，让他自己去体会，感受。也可以写成一篇扼要记实而对活动的意义有所阐述，有所发挥，也就是议论成分多一些的文章。还可以写成一篇以抒发所感为主的近于抒情散文的文章，甚至可以写成一首诗。怎么选择法呢？根据什么来选择呢？我想，不外从主观、客观两个方面来考虑。从主观方面说，要考虑你所占有的材料、你记得的、想到的、感受到的，适合于写成哪种体裁；还有，你长于写哪种体裁。从客观方面说，需要考虑，将要发表你的文章的校刊的读者对象是哪些人，为这些读者着想，哪种体裁更合适一些，或者适应的范围更广一些。主观、客观两个方面都顾到，能够统一、一致起来，那是最理想的。总之，要从实际出发来考

★ 主观、客观两个方面都顾到，能够统一、一致起来，那是最理想的。

虑——自己的实际，有什么可写，能写什么；客观需要的实际，人家需要什么，希望得到什么。

不论是以上说的哪种情况，动手写文章之前，要把体裁问题明确起来。不同的体裁，要求不同的写法。

从内容、对象、目的、体裁考虑下来，和这些密切联系着的，接着就要明确自己的文章的基本格调了。这里所谓基本格调，主要指的是：你这篇文章宜于写得详尽、细致一些呢，还是宜于概略、简洁一些？宜于平实、朴素一些，侧重确切的事实甚至数据之类，也就是说要写得严密一些呢？还是宜于适当注意生动活泼、辞藻优美一些？宜于注意动人以事理呢，还是要适当注意动人以感情？宜于直截了当、简单明快一些呢，还是宜于委婉含蓄一些，多给人家留下点玩味揣摩的余地？

★ 动手写文章之前，要把体裁问题明确起来。

当我们读别人写的文章，分析那篇文章的时候，我们往往是从文章的语言和写法入手，进而把它的主要内容（主题思想和表达主题思想的材料）搞清楚，把它要解决的问题弄明白，最后看看它是哪种体裁中的哪种风格，加以品评。可是当我们自己写文章的时候，考虑的程序、步骤几乎恰好是倒过来的，我们总是先把要说的主要内容想好，把对象和目的明确起来，把用什么体裁，用什么调子确定下来，这些大关节目考虑好了，心里有了谱了，然后考虑更具体的问题。

所谓更具体的问题，还是从整篇来考虑的。主要是两个方面。

一是取舍。就是：这篇文章里说什么，不说什么。为了把要说的内容说清楚，可说的话总是很多的。好比一个病人看医生，他总是愿意把他的感觉，把他自己留心到的种种情况，一股脑儿都告诉给医生，唠唠叨叨说个没完，其实，他所说的那些，真正有助于医生诊断的，并不太多；有时候，他如果发现医生对他说的不太理会，心里还很不高兴。这也难怪，因为他不懂医学，不知道哪些是与说明病情有用的，哪些是无用的。有修养的医生对病人那些无用的话也肯耐心地听，从他唠叨的那许多话里选择出有用的来，和自己的诊察以及检查、化验等提供的材料相结合，作出诊断。写文章不能像不懂医学的病人那样唠叨，我们不能要求读者耐心去读些没有多大用处的闲话。我们自己要选择。要拣最有用的来说，无用的不说，用处不大的少说。

★ 要拣最有用的来说，无用的不说，用处不大的少说。

一是轻重。就是：这篇文章里要着重说什么，仔细说什么，围绕着这个着重点，也为了把这个着重点

说清楚，说够，还需要连带地说些什么，这些连带着说的，也得再分分轻重，哪些略多说一点，哪些只要说到就行。

上一次讨论之中，咱们多次说到“得体”，最后留的思考问题中也有一问：什么是“得体”？得体的内容是很多的。总括说一句：针对你的对象，为了达到你的目的，说些什么，怎么说法是最恰当的，这就是最得体的。该说的没说，不该说的说了，该这样说的那样说了，就是不得体。写文章要得体，这是一个基本的要求。

到这里，再进一步就是整篇的设计了。这篇文章宜于分哪几个部分，包含哪几个层次，这几个部分、几个层次的先后次序宜于怎样安排。这时候，脑子里就有了一个粗线条的轮廓了，或者说，文章的基本架子就已经搭起来了。文章里用些什么材料，怎么组织这些材料，用什么调子说话，从而用什么样的语言，用什么样的方法，这些，都有了谱了。平常说的“构思”，“打腹稿❶”，指的就是前边说的这一整套的考虑，并不是说先在脑子里写成个初稿。在构思、打腹稿的过程中，想到一些关键性的话，甚至想到一些重要的必需用的词语等等，都是可能的，也是需要的，然而

❶ 腹稿：内心酝酿成熟以供表达的诗文构想。“腹稿”的典故，源自王勃写作的故事。《新唐书·王勃传》载：“勃属文，初不精思，先磨墨数升，则酣饮，引被覆面卧，及寤，援笔成篇，不易一字，时人谓勃为腹稿。”《宋史·徐积传》中也有关于“腹稿”的记载：“自少及老，日作一诗，为文率用腹稿，口占授其子。”后来，人们就把预先想好而没有写出来的文稿称为“腹稿”。

不可能也不需要形成整篇的文章。把构思、打腹稿的结果写出来，那就是平常说的提纲、要点之类，并且可以包括“详”“略”“正”“反”“例”“数”以及关键性的话或词语和一些提示性的注、符号之类。

这时候提起笔来，大概就会“下笔成文”，滔滔不绝地说下去，不会感到枯竭了。当然，还有斟词酌句，反复修改的工作要做，并不是打好了腹稿就有了好文章的。不过，无论如何，写文章必须从整篇考虑起，先打好腹稿，这个步骤是不可缺少的。

★ 无论如何，写文章必须从整篇考虑起，先打好腹稿，这个步骤是不可缺少的。

那么，就练习写文章来说，也就是为了进行自我训练，达到提高写作能力的目的，应该怎样着手呢？是不是打好了腹稿就马上写整篇的文章呢？请你先考虑考虑，下次咱们来讨论这个问题。

六　谈谈写文章

一、“经国之大业，不朽之盛事”

曹丕[1]在他的名作《典论·论文》[2]里说：“文章经国之大业，不朽之盛事。”这个话一直传诵了 1000 多年。对不对呢？不能简单地说它对，也不能简单地说它不对。首先要问，什么文章？的确有不少文章，称得起是关系到国家盛衰的大业，的确是经得起历史考验的不朽的盛事。然而，并非所有的文章都这样。那些骈四俪六，“俪采百字之偶，争价一句之奇”的文字游戏，那些内容空洞，无病呻吟，“嘲风雪，弄花草”

[1] 曹丕（187–226）：字子桓，三国时期著名的政治家、文学家，曹魏的开国皇帝，公元 220–226 年在位。沛国谯（今安徽省亳州市）人，魏武帝曹操与卞夫人的长子。曹丕文武双全，八岁能提笔为文，善骑射，好击剑，博览古今经传，通晓诸子百家学说。220 年正月，曹操逝世，曹丕继任丞相、魏王。之后曹丕受禅登基，以魏代汉，结束了汉朝四百多年统治。

[2]《典论·论文》：《典论》是三国时代曹丕的一部学术著作，写于曹丕做魏太子时期，原有 22 篇，后大都亡佚，只存《自叙》《论文》《论方术》三篇。《典论·论文》是我国文学批评史上第一篇专题论文，所论的“文”是广义上的文章，也包括文学作品在内，涉及了文学批评中几个很重要的问题，虽不免有些粗略，但在文学批评史上起了开风气的作用。

的陈词滥调，那些专为应付科考，东拼西凑，言不由衷，一个模子扣出来的八股文章，就都与经国无关，毫无生命力，早已随着时代的推移，朽了，腐烂了。这种文章，在它们出现的当时对社会有害而无益，在历史上也留下了恶劣的影响，祸及后世。

曹丕的话值得重视，它指出：写文章这件事情很重要，同国家的事业有关，不能等闲视之。单就这层意思而论，曹丕还是很有见地的。

二、文以致用

为什么要写文章？因为要用。生活要用，工作要用，作学问要用，宣传真理、批驳谬误要用。不是为写文章而写文章，不是为了显示才华而写文章，不是为了对付考试、博取“功名利禄”而写文章。唐朝诗人白居易就有这样的认识，他说：“文章合为时而著，歌诗合为事而作。”[1]这个道理本来是很明白的，可是在长期的封建社会里，有这种认识的人不多，或者说，虽认识而不这样作的人很不少。识字→读书→作文章→考试→作官。入学就是要认字，认字为了读“古圣先贤”的书，读书为了会作文章，会作文章为了考秀

[1] 出自白居易的《与元九书》，这一句包含两方面的意思：一方面是反映时事，另一方面是为现实而作。反映的事情不一定是时事，但目的是为了现实。白居易继承了汉乐府“缘事而发”的现实主义精神，从中唐的社会现实出发，提出“文章合为时而著，歌诗合为事而作”的主张，是对现实主义诗歌理论的一大贡献。

才，考举人，考进士，考中了好去作官。封建社会的大多数“念书人”走的就是这么一条道路。识字、读书，一切为了会写文章，写文章为了考试、做官。这个害人的逻辑渊远流长，根深蒂固[1]，它的阴影到今天依稀存在，起着作用。20 世纪 80 年代的人，不能连白居易都不如！必须明确：文以致用。道理虽浅，明确或者不明确，关系重大。为了致用而教或学写文章是一种教法，学法，为了应付考试而教或学写文章是另一种教法，学法。两种教法学法，产生两种不同的结果，形成两种不同的学风、文风。这是一件大事，还不仅仅是写文章的问题。

一讲致用，就不可避免地有时代性，社会性。我们写文章干什么呢？作什么用呢？答案很清楚：为了学现代知识，干现代工作，研究现代学问。为了有益于建设社会主义精神文明。我们可以接受白居易的基本观点，但是我们的“时”不同于他的“时”，我们的“事”不同于他的“事”，因为时代不同了，社会不同了。我们写文章要为我们的“时”和“事”服务。不这样，写文章就毫无意义，并且连写文章的本事也是学不好的。

[1] 根深蒂固：比喻基础牢固；不易动摇。蒂，瓜、果和茎、枝相连的部分。固，牢固。

三、首先注意什么

历史上很多人写文章不是为了致用，而是为了那么一种目的，既然把写文章这件事放在那样一种异乎寻常的位置上，于是也就把写文章讲得玄玄虚虚，很难捉摸。什么“涵泳”[1]“体咏”“推敲”“锤炼”“文章千古事，得失寸心知”[2]“可意会而不可言传”[3]，神奇得很。我们并不简单地否定这些字眼、语句。我们只是说，道理最好讲得更浅显明白一些，更平实具体一些；基础训练要平易、切实一些，把达到致用放在优先的地位考虑，因为，为实用的目的写文章是每个念书人都需要的本领，至于讲究点深沉的艺术，那就是进一步的要求，不是每个人都必须精通的了。

那么，写文章首先要注意什么呢？最切要的是能够熟练地、准确地运用现代语言，说大白话。——这篇小文抄了几句古书，有些文白夹杂的话。这种写法是不值得提倡的。这里有意这样写，目的就是读者试试看，就连这样并不很多的文白夹杂已经多少妨碍表达，让有的人读起来感到吃力了。何必这样写呢？为什么不写得更口语化一点，让更多的人读起来毫不费力呢？（我向感到吃力的读者同志道歉，只好麻烦你查

[1] 涵泳：深入领会；浸润，沉浸。

[2] 出自杜甫的《偶题》，意为：文章是传之千古的事业，而其中甘苦得失只有作者自己心里知道。

[3] 只能用心去揣摩体会，没法用话具体地表达出来。指道理奥妙，难以说明。有时也指情况微妙，不便说明。

查书，请教请教别人了。）还有最切要的一点是要有条不紊，前后连贯，首尾一气，合乎事理，也就是，合乎逻辑。再有最切要的一点是实实在在，不说言不由衷的话，不说废话，一是一，二是二，朴实、经济。把上边说的概括起来，那就是：用现代语言，讲究逻辑，重视风格。不少学写文章的人，这些最切要的东西还没有掌握好就忙着追求“技巧”，有些指导写文章的书、文，基本的东西讲的偏少，“技巧”讲得偏多，本末之间值得考虑。我们不否定技巧的用处，但是希望把技巧建立在扎扎实实的基础上。

（原载《逻辑与语言学习》1984 年第 1 期）

★ 我们不否定技巧的用处，但是希望把技巧建立在扎扎实实的基础上。

七　怎样锻炼思路
——谈文章的结构

文章的构成有三个方面：一是思想内容，一是结构组织，一是遣词造句[1]。这三个方面不能互相代替，然而密切相关，文章就是这三个方面的统一体。思想内容是主要的，可是它必须靠严密的结构组织和正确恰当的词句表现出来。

[1] 遣词造句：指运用词语组织句子。遣，派，送。遣词，排列词语。造句，组织语句。

这里谈谈结构组织的问题。结构组织就是文章里材料的安排，文章各部分的相互联系。

文章的结构组织是非常重要的。一篇文章，无论思想内容多好，无论词句多么优美，必须全篇组织得好。一层一层、一段一段，安排得清清楚楚，有条不紊，该详的详，该略的略。前前后后，联系得紧密，照顾得周到。没有前后脱节的地方，没有丢三落❶四的情形，没有拖泥带水的毛病，人家读了才能得到清晰明确的印象。常见有些青年同志写的文章，意思不能说不好，有的并且很好，词句方面有点小毛小病的，总还通顺。就是整篇组织得不好，不清楚，不严密，结果让人读着感到吃力。一篇看下来，还不能把他的意思搞明白。这样的文章，往往达不到写作的目的，至少要打很大的折扣。

文章的结构决定于文章的内容。为什么这篇文章分三段，那篇文章分五段，为什么先说这层意思，后说那层意思，这些，都是文章的内容决定的。

从作者写作的角度说，要想明确自己所写的内容，进而根据内容的需要安排好文章的结构，主要得从两个方面着眼。

首先是思路。作者的思路是他对客观事物怎样观察、理解、认识的反映。思路不是凭空产生的，而是以客观事物为基础的。客观事物反映在作者头脑里，经过观察、理解、认识的过程，形成了他对这样事物的印象、看法、态度或感情。把这些印象、看法，态度或感情理出个头绪来，就是所谓思路。人总是根据

❶ 落：原书中为“拉”，下同。

思路来结构文章的。因而，文章的结构组织是否清晰严密，就表明作者的思路是否清晰严密。而思路是否清晰严密，又表明他对所写的客观事物是否形成了鲜明的印象、看法、态度或感情。

所以，要文章的结构好，必须求之于思路。要思路清晰严密，必须善于观察事物，能够理解和认识事物。只有从锻炼观察能力和理解、认识的能力入手，才能培养起既活泼而又严密的思路；只有培养起这样的思路，写文章才会有好的结构。

★ 要思路清晰严密，必须善于观察事物，能够理解和认识事物。

写一棵树，如果你对这棵树的形状、构造、生长发育、性质作用都不知道，或者知道得不清楚，这篇文章将如何写法呢？先写什么后写什么呢？一切都将无法下手。勉强写些话出来，必然前言不搭后语，使读的人也摸不着头脑。这还谈什么结构组织？写一件事，如果你对这件事的前因、后果，发展、演变，作用、意义，都搞不清楚，所知既然模糊，文章又将何从组织？总之，自己不明白，就无法使读者明白。

其次，安排结构还同文章的性质、对象和目的有关。文章总是写给特定的对象看，为了解决特定的问题的。文章里的材料怎样安排，各个部分怎样组织，要看文章是写给谁的，是为什么写的。比方，某处有一件重要的事情，你去调查了一下，回来之后把那件事情写下来，向领导报告。这该怎么写法？当然只有原原本本把事情的经过从头至尾地写出来，用不着什么“倒叙”“插叙”那些办法。如果想把这件事情写成个通讯报道，在报刊上发表，写法也许就不同一些，可能先把结果写出来，然后再回过头去写事情的发生和经过，中间也许要补充一点跟这件事情有关的情况，以便一般读者能够了解得清楚一些，并且也要考虑到怎样安排才能引起读者的注意，使他乐于读下去。倘若拿这件事情作素材，写成一个短篇小说，写法就会更不一样。写自己对某个问题的看法，也要看写给谁和为什么而写来考虑文章的结构——是写给有关的个别同志看，还是写出来发表？如果发表，是在哪里发表？给哪些读者看？是着重发表自己的意见，还是着重批评一种相反的、错误的意见？虽然谈的是同一个问题，由于对象和目的不同，文章里先说什么，后说什么，怎样提出问题，怎样得出结论，也就是说，文章的结构组织怎样安排，也会有种种不同。

★ 结构是为写文章的目的服务的。

所以，要文章的结构好，除了先决地求之于思路的清晰严密之外，还要把写作的对象和目的明确起来。不能为结构而结构。结构是为写文章的目的服务的。

总之，结构不是个单纯的方法技巧问题，虽然这里边有方法和技巧。有些青年同志在学习语文，希望提高自己的写作能力，听说写文章要讲究篇章结构，于是想找人教给点谋篇布局的方法。方法当然需要讲，然而那还不是根本的。根本的问题在思路，在写作要有明确的目的。特别是思路，这是关乎文章结构的最根本的东西。

★ 思路一要开阔活跃，二要细致严密。

思路需要锻炼，也是可以锻炼的。思路一要开阔活跃，二要细致严密。锻炼就是向着这个目标来的。入手处一在观察，二在思考。看一样东西，不是毛毛草草地看一眼就算数，而是多看看，仔细看看，一边看着一边想一想，一定要把它看清楚，想明白。比如看一座山，可以从远处看它的整体，看它的气势，又可以走到近处看它的岩石树木；可以从山脚看上去，又可以从山顶看下来；可以从这座山想到那座山，想到过去看过游过的山，也可以从山上的泉水瀑布想到由这里发源的溪流江河；可以从它的景色想到它的蕴藏，也可以从它的今天想到它的明天，如此等等。不是随便看看，不是胡思乱想，而是认真地看看，用心地想想，做到对这样东西了然于胸中。对事物有了这么一种明晰的印象，等到要写文章，根据写作的目的考虑一下，哪些写进去，哪些不写，哪些多写一点，哪些少写一点，先写什么，后写什么，再写什么，从哪里写起，到哪里转个弯，到哪里结束。心里有了这么个数，一步一步写下去，写完之后反复看一看，读一读，如果有详略不合适、连贯不顺畅、联系不周密的地方，好好改一改，这不就是在结构组织吗？看一件事情，想一个道理，也是这样。知道了结果，一定找一找原因，想一想用这个原因说明这个结果合理不合理；下了个判断，一定找一找根据，想一想这根据充分不充分，正面想想，反面想想，把有关的事情或道理联系起来想想。总之，要做到对这件事或者这个道理了然于胸中。这样，头脑里也就有了头绪，写起文章来也就有了条理。

> ★ 不断的、有意识的锻炼，能够使我们的思路在现有的思想水平和知识水平的基础上，尽其可能地开阔活跃起来，细致严密起来。

当然，能够这样看事情，思考事情，要靠具备一定的实践基础，认识水平，以及知识的蓄积。但是，这里边也有个习惯问题。注意锻炼，能逐渐养成好的习惯；不注意锻炼，也会助长不好的习惯。因此，我们说锻炼是有用的，是不可忽视的。不断的、有意识的锻炼，能够使我们的思路在现有的思想水平和知识水平的基础上，尽其可能地开阔活跃起来，细致严密起来。那样，写文章就能够比较地铺陈得开，不至于干干巴巴地一疙瘩，就能够比较地有些条理脉络，不至于颠来倒去，乱麻一团，或者前后脱节，丢三落四了。

除了自己经常注意之外，读好的文章，用心理解它的层次结构，也是锻炼思路的很有效的办法。因为从那里可以领会到作者的思路是怎样开展的，这对我们会有很大的启发作用。我们分析、领会文章的结构，主要不在于学习文章结构的方法技巧，而在于学习思考问题、认识问题的路径——怎样从全面地认识一件事情的意义到具体地分析，怎样从具体事实的意义深入和提高到更本质、更重要的意义，怎样从当前的事情看到它的趋势和前景。这样钻研，我们的思路会得到启发，受到锻炼，日积月累，久而久之，我们自己观察事物、思考问题的能力一定会逐渐提高，而这种能力必将从我们安排文章结构之中反映出来。

不仅读议论性的文章应当这样读，读记叙性的文章也一样。不仅读现代的文章需要从思路上着眼，读古代优秀的文章也需要。举柳宗元[1]的《小石潭记》[2]为例：

> 从小丘西行百二十步，隔篁竹，闻水声，如鸣佩环，心乐之。伐竹取道，下见小潭，水尤清洌。

❶ 柳宗元（773–819）：唐代杰出诗人、哲学家、儒学家，著作有《永州八记》《柳河东集》《柳宗元集》。

❷《小石潭记》：全名《至小丘西小石潭记》。记叙了作者游玩的整个过程，以优美的语言描写了“小石潭”的景色，含蓄地抒发了作者被贬后无法排遣的忧伤凄苦的感情，以极强的艺术感染力打动一代又一代的读者。

全石以为底，近岸，卷石底以出，为坻，为屿，为嵁，为岩。青树翠蔓，蒙络摇缀，参差披拂。

潭中鱼可百许头，皆若空游无所依。日光下澈，影布石上，佁然不动；俶尔远逝，往来翕忽。似与游者相乐。

潭西南而望，斗折蛇行，明灭可见，其岸势犬牙差互，不可知其源。

坐潭上，四面竹树环合，寂寥无人，凄神寒骨，悄怆幽邃。以其境过清，不可久居，乃记之而去。

同游者：吴武陵，龚古，余弟宗玄。隶而从者，崔氏二小生：曰恕己，曰奉壹。

这是一篇游记。游记并不是一边游着一边写，而是游完之后，想着游览的情景写的。这篇文章表现出作者的思路大致是这样：他先想到小石潭所在的地方，想到逐渐走近小石潭的时候听见怎样的声音（闻水声，如鸣佩环），看见一些什么景物（潭边的石头和树木）；然后继续想，走到潭边向潭里注视的时候看见怎样的景象（游鱼……似与游者相乐）；接着想下去，看过潭里的游鱼之后，又抬起头来顺着潭岸向远处眺望，看见了怎样的情景（斗折蛇行，犬牙差互，不可知其源）；近处、远处都观赏到了，该坐下来休息休息了，于是写坐在潭边看见什么，感觉到什么；最后，游够

★ 游记并不是一边游着一边写，而是游完之后，想着游览的情景写的。

了，该回去了，于是写回去，一直写到同游的人和作这篇游记。显然，文章的结构组织所反映的正是作者游览时观察的顺序和写文章之前回想思索的顺序。如果我们游了一个地方，只要游览的时候很细心地观察了，对每处景物的最突出的东西都留有清晰鲜明的印象，只要写的时候把游览的过程和所得的印象都想清楚了，我想，我们也同样能够写出这样一篇有条有理而又清新生动的游记来。文章的结构不是一件难事。

有的同志给我来信，要我谈谈怎样读文章；有的同志要我谈谈怎样写文章，特别是怎样把文章的结构安排得好些。我想，这两方面能够统一起来。

★ 读文章可以这样读法：粗读一遍，想一遍，再细读一遍。

读文章可以这样读法：粗读一遍，想一遍，再细读一遍。

粗读一遍的目的在于对这篇文章能够“粗知大意，得其梗概”。因此，哪怕篇幅比较长，也尽可能一口气读下来，有少数地方不甚明了，暂时由它去，不细想，也不查字典。

想一遍，就是想一想那个大意和梗概。什么是大意和梗概呢？主要是这么几点：

1. 这篇文章主要地谈了个什么问题，或者说了件什么事情？

2. 这篇文章是写给谁看的，为了什么目的而写的？

3. 文章里主要说了几层意思？前前后后的几层意思是怎样的关系？

这第三点，其实就是文章的结构组织。

想这一遍是大有用处的。读报纸刊物上的一般的文章，有时候只能读一遍，没有时间重读第二遍。如果读一遍就丢在一边，往往印象模糊，稍过两天就忘了。读过之后略微想一想，把上边说的那三点回味一下，印象就清楚多了，深刻多了。这样才不白读，才能从中得到点什么。倘若是一篇重要文章，是要好好学习的文章，读一遍，想一遍，对它有了个初步的了解，对上边说的三点有了个比较清晰的印象之后，再去细读，才能使自己的思路跟作者的思路合拍一些，才知道哪些地方应当特别注意，应当深入揣摩，这样，收获能够更大些。常见有的同志读文章，一上手就一字一句地抠起来，半天还不能读它一遍，一直读到头，所得的多是些零零星星的印象，得不出一个完整扼要的印象；也有的同志，草草读过一遍之后，马上又回过头来重读，有时候读了两三遍，印象还是很笼统，甚至相当模糊，理不出个头绪。我想，这种情形可能

★ 读过之后略微想一想，把上边说的那三点回味一下，印象就清楚多了，深刻多了。

都是由于缺少想那一遍的缘故。想一遍，这是个习惯问题。养成这个习惯之后，费时很少，往往只要几分钟，十来分钟就行，而收效很大。

再细读一遍，目的在于咀嚼、消化：

1. 验证第一遍读过之后，所得的印象对不对。对的，加深它、巩固它；不对的，纠正它。

2. 求透。懂得不清楚的，要思考、揣摩，要查考工具书；前前后后的联系照应，要弄明白；主要的，次要的，要搞清楚。要得出总的、全面的理解；也要得出分解的、一部分一部分的理解。

3. 求深。要体会含蓄蕴藏的意思，要玩味精微细致的情境，要领略论断臧否[1]的分寸。

我想，用这样的一些步骤来读文章，对于锻炼思路是很有好处的。如果思路不断得到锻炼，自己写文章的时候，在结构组织方面就会有些办法了。

1963年

[1] 臧否：书面用语，褒贬、评比、评定、评价、评介、评论等意思。出自《晋书·阮籍传》："籍虽不拘礼教，然发言玄远，口不臧否人物。"

八　“辞达而已矣”[1]

中国有两句老话，一句说，“辞达而已矣”，一句说，“言之无文，行而不远”[2]。

这两句话，一眼看上去，像有点矛盾。前一句的意思是说，写文章只要把意思说清楚就行，言外之意就是不必太挑剔，不必太讲究，后一句的意思是说，文章如果写得不好，就不容易广泛流传，发生比较大的影响，言外之意就是应当写得考究点。

这两句话提出了写文章的两个标准，这两个标准既不相同，又互有联系，一个强调语言要足以表达思想，一个强调文章要有文采。照我看来，辞达是最基本的要求，有文采则是在辞达基础上的进一步要求。

[1] “辞达而已矣”：《论语·卫灵公》篇的一句话，这里借用，是想谈谈作文的表达方面的概括要求，写到什么程度算妥善的问题；这个问题，简明而合适的答复是“辞达而已矣”。

[2] 出自《左传·襄公二十五年》，意为：文章没有文采，就不能流传很远。强调说话写文章应该讲究些艺术，让它更生动活泼，作用更大。

不过，文饰得恰如其分，可以使辞达得更好。中小学作文教学应首先要求辞达。因为，我们的目标是让学生具有基本的语文能力，不是培养作家。

不过，有些同志有一种误解，以为“辞达”无非是指能把意思大概地说出来，于是，在讨论语言问题的时候，他们就拿前一句话作根据，不赞成多所推敲，细致琢磨，谁要是在文章里挑挑毛病，就说人家是吹毛求疵[1]，其甚焉者干脆就是为粗糙作辩护；也有人拿后一句话作根据，对学生作文提出了不切实际的过高要求，对文章尽量挑剔，稍有差池就说人家不通，在夸饰润色方面，要求特别高，总想把文章写得越美越好，其甚焉者简直把写文章这桩事弄得高深玄妙，叫人可望而不可即。

在教学中，两种情形似乎都有。我见过一些经过批改的作文本，里边有些错字，不通的句子，组织得不大顺当的段落，都原封未动，开头批着 85 分或者 90 分，后边批着“立意很好，中心突出”之类的评语。这大概是对“辞达”有些误解的“辞达而已矣”派。也见过另一些作文本，照我看，文章写得干干净净，清清楚楚，很过得去，可是分数不过六七十分，翻到后面一看，还有评语，说：“以后注意再写得生动活泼

[1] 吹毛求疵：指吹开皮上的毛，寻找里面的毛病。比喻故意挑别人的缺点，寻找差错。也指细致到繁琐、挑剔的地步。

些。”这大概是“言之无文，行而不远”派。

对于中小学生作文的要求，应当是“辞达而已矣”。问题是万不能把“辞达”看作一件非常稀松平常的事。不带着学生下点真功夫，要做到“辞达”，那可真不容易。如果我们能使中学毕业生个个做到“辞达”，我想，应当说我们的语言教育成功了。

要做到“辞达”，怕是要在两方面着力。一方面是训练思想，一方面是训练基本功。这里说的基本功，是指那些最基本的东西，像写字、造句之类。一个人如果头脑不清楚，要写的意思自己还没有想清楚，稀里糊涂，那是很难做到“辞达”的；基本功不扎实，掌握的字不够用，造句不熟练，没把握，也“达”不了。

★ 要做到“辞达”，怕是要在两方面着力。一方面是训练思想，一方面是训练基本功。

训练思想，自然不单是语言教育或者语文教学的事，然而语言教育，尤其是包罗更广的语文教学不能不管这件事。教学生读些好文章，就在那里训练了学生的思想；教学生把自己的所见、所闻、所思、所感，如实地写出来，也是在那里训练思想。教学生读书、作文，不能不从训练思想着眼。训练思想，这是个笼统的说法，里边包含着相当丰富的内容，有许多具体的工作要做。要不断地培养学生观察事物、认识事物、辨别是非的能力；要使学生的思路越来越敏捷活泼；要使学生思考问题越来越有条理。培养学生这些能力，不是靠我们过多地去讲大道理，过多地去谈抽象的理论，而是要靠我们带领着学生踏踏实实去读书作文，带领着学生开动脑筋，用自己的头脑去理解，用自己的语言去表达。

★ 只要我们抓住了统一在一起的训练思想和练基本功这两个方面，可以说，我们就抓住了“辞达”的根本问题。

至于带着学生练基本功，那更是不折不扣的语言教育的任务了。功就是功夫，功夫是练出来的，没有什么巧妙的诀窍。在语文教学中，训练思想和练基本功能够最充分地统一在一起。因为这里说的基本功是指运用语言的基本功，而这里说的训练思想也是通过运用语言——读和写来实现的。

只要我们抓住了统一在一起的训练思想和练基本功这两个方面，可以说，我们就抓住了“辞达”的根本问题。当然还有别的一些名堂，比如教学生学一些作文的方法、技巧等等。可是，本末要分清，主次要分清。清楚活泼的思想和结结实实的基本功是本，是主要的；方法技巧之类是末，是次要的。次要的东西并不是应当忽视的东西，然而那毕竟是末。本末倒置是不行的。

一篇文章怎样开头，怎样结尾；叙述事情，是从

头至尾，原原本本，还是倒叙逆溯，错综穿插；哪里用个形容，哪里用个比方，诸如此类的问题很多。这些，跟文章的内容联系起来，是客观事物的反映，思想感情的反映。从事物的条理入手，从思路的进展着眼，这些问题可以注意，应当注意，因为那跟训练思想有关。可是，常见有的教师讲文章，每每问学生：文章为什么这样开头？这样开头有什么好处？作者为什么要打这个比方？这样打比方有什么好处？这就把表达上的这些现象纯然作为方法问题看待了。同样，指导作文的时候，也每每要求学生考虑：怎样写才生动？怎样写才突出？怎样写才有说服力？这就把写作纯然作为一种技巧看待了。这样把读书作文这回事纯然从方法技巧出发去对付，我认为是舍本逐末的做法。那么，不这样讲，又该怎么讲呢？

韩愈的《师说》[1]和《进学解》[2]，开头的方法很不一样。讲这样两篇文章的时候，与其引导学生去想：《师说》这样开头有什么好处，《进学解》这样开头有什么好处？毋宁引导学生去想这样的问题：韩愈是怎样思考“从师”这件事情的？是怎样思考“进学”这件事情的？

单纯地从方法技巧着眼，学生得到的将是一些自

[1]《师说》：作于唐贞元十八年（公元802年）韩愈任四门博士时，是说明教师的重要作用、从师学习的必要性以及择师的原则。抨击当时士大夫之族耻于从师的错误观念，倡导从师而学的风气，同时，也是对那些诽谤者的一个公开答复和严正的驳斥。作者表明任何人都可以作自己的老师，不应因地位贵贱或年龄差别，就不肯虚心学习。文末以孔子言行作证，申明求师重道是自古已然的作法，时人实不应背弃古道。

[2]《进学解》：元和七、八年间韩愈任国子博士时所作，假托向学生训话，勉励他们在学业、德行方面取得进步，学生提出质问，他再进行解释，故名“进学解”，借以抒发自己怀才不遇、仕途蹭蹬的牢骚。名言“业精于勤，荒于嬉；行成于思，毁于随”即出于此文。

已写作的时候未必用得上的框框、条条和抽象的概念。从思路着眼，学生得到的倒是思想的训练，实际思考能力的培养。

基本功的训练，要结实，要严格，然而也不能繁琐。必须抓住一些根本的、关键性的地方决不放松，而在一些次要的问题上允许灵活。例如错别字。我曾看见过一些作文本，凡是学生写错一个字，一律扣一分，这就值得考虑。如果学生把一个简化了的字写成繁体，比方把“进”写成“進”，或者写了一个在社会上长期广泛流行、只是还没公布的简体字，比方把“算”写成“祘”，要不要扣分呢？我觉得不必扣。把一个“万籁俱寂”[1]的“籁”少写了一笔，把“社会”的“社”写成了衣旁，是不是同样都扣一分呢？我觉得可以有区别，因为前者是个难字，后者是个常用的容易写的字。如果我当教师，也许我会宽容前一个错字，不扣分，而为后一个错字扣他五分。句子也一样。只要对了通了，即使笨拙些，或者干枯些，可以通过；用了一个结构复杂的长而难的句子，即使有点小毛病，指出即可，应当通融；普普通通的一个短句子，残缺了，或者成分错乱了，那就决不宽容。

“辞达而已矣”，这应当是我们的基本要求。“辞

[1] 万籁俱寂：形容所有声音都停止了。籁，从孔穴中发出的声音。万籁，自然界中万物发出的各种声响（自然界一切的声音）。寂，静。形容周围环境非常安静，一点儿声响都没有。

达”并不容易，马虎不得。真正做到“辞达”，那跟“言之有文”即使不能等同，也是相差几希[1]了。

（1962年）

[1] 几希：甚微；极少。

九　谈练习写作

今天，谈一谈写作练习问题。这里印发了《首都钢铁公司职工教育开展情况和一些作法》的总结。这篇总结写得很不错，在大的方面，即文风方面（而不是在细微的、遣词造句或写作技巧方面），有许多可喜的和非常值得提倡的东西。

我想，要练习写作，首先要从大的方面着眼，从这方面着眼，可以促使我们对写作的一些具体问题考虑得更深入一些。

大的方面是指的什么呢？

第一个优点是“短”。“短”在写作上是非常值得重视和提倡的。写文章只有做到“要言不繁”[1]，没废

[1] 要言不繁：同“要言不烦”，意思是精炼的词汇、描述，不会让人感到厌烦。出自《三国志·魏书·管辂传》：“晏含笑而赞之曰：‘可谓要言不烦也。’”

话，才能短。当然，如果讲的问题很多，需要那么长，那就不能叫长了，因为有那么多事情要讲嘛。所谓文章臭长，是指内容浅薄，废话连篇的那种文章。

一般的说，学写作大概要经历这样几个过程。初学写作的同志，开始阶段总是苦于没有话说，拿北京话来说就是“没词儿”。这反映出思路还打不开，写作能力不高，缺乏锻炼，所以写起文章来铺陈不开，需要发挥的东西也发挥不出来。在这个阶段，最好大胆地、放手地写，对于写作不要畏惧，头脑里不要有框框，先放开再说（古人也有这样的主张）。这样做一个时期，手就逐渐地放开了，也就有话可说了，而且总觉得想说的话很多。到了这个阶段，许多人往往又不知如何下手，对于哪些话必须说，哪些话不必说，拿不准主意。这时候就需要锻炼把文章写得简要、精炼。所以，对于写作的要求，不能一概而论，要看练习写作的人，处在哪一个阶段，具体情况如何。

★ 对于写作的要求，不能一概而论，要看练习写作的人，处在哪一个阶段，具体情况如何。

在座的同志们大概参加工作已多年了，而且常常写些东西吧？因此，我觉得你们当中的绝大多数同志是能放开写了。目前，你们需要在“要言不繁”、不说废话上多下功夫。

以上是从写作一般情况来说的。其次，还有特殊的情况，就是刚刚经历了“十年动乱”，帮八股泛滥。帮八股的特点之一就是文章又臭又长，废话连篇，总是洋洋洒洒的大块文章，但却没有什么真实的内容。这种流毒还很厉害，需要继续肃清。爱写与内容不相称的长文章，这种通病需要不断地克服、纠正。

再说，就是为了适应现代化的需要，我们也必须练习写短文章。现代化的特点是什么呢？就是事事讲科学，讲效率，讲速度。现在大家都在紧张地工作，用音乐的术语来说，是生活的旋律越来越快，所以用在写文章、看文章上面的时间越短越好。像托尔斯泰[1]的几部巨著，一部就是上、中、下三厚册，上百万字，这种巨著现在趋于减少。并不是人们的创作力不行了，而是时代的需求不同了。

前几天，北京语言学会请陈原[2]同志作了题为《语言与社会生活》的学术报告。他讲到：随着社会生活的现代化，符号使用得越来越多，以往要用一段话表示的意思，现在往往只用一个符号来表示。他举了几个很有意思的例子，我看对我们写作也同样有启发。他说，过去皇宫的午门前竖立着这样一个牌子：“文武百官，在此下马。”虽然只有八个字，并不太多，但总得一个字一个字地辨认吧，总得费点事，好在是骑马，

❶ 托尔斯泰（1828–1910）：19世纪中期俄国伟大的批判现实主义作家，是世界文学史上最杰出的作家之一，他被称为具有“最清醒的现实主义”的“天才艺术家”。主要作品有长篇小说《战争与和平》《安娜·卡列尼娜》《复活》等。

❷ 陈原（1918–2004）：现代语言学家、编辑出版家、世界语专家，代表作有《语言与社会生活》《社会语言学》《辞典与信息》等。

要是坐汽车，还没弄清是怎么回事就闯过去了。不久前，我们在公路旁还可看到一些写着字的牌子，意思是告诉驾驶员，进入标界以后，汽车只能以每小时多少多少公里的速度行驶。这也得看明白才行吧。现在不少公路已改为高速公路，汽车在高速公路上开得很快，一小时要行驶上百公里，车像飞一样的就过去了。如果再用什么“文武百官，在此下马”那一类告示或其他以文字说明的办法来指示车辆就不行了。因此，就得用一些社会约定的符号来表示。为什么呢？就是要适应高速度的要求，要快。在高速度的要求下，要简明，让人一看立即就能作出反应，明白是什么意思。

★ 写文章也不例外，要做到“短”而内容精，有说服力，并富有文采，是很不容易的，但这是时代向我们提出的要求。

写文章也不例外，要做到“短”而内容精，有说服力，并富有文采，是很不容易的，但这是时代向我们提出的要求。所以，我主张我们进行写作练习时，要练习写短文章，这是一个要点。我们印发的这个总结，就比较精，比较短，基本做到了“要言不繁”，这种文风值得提倡。但也还有不够精炼的地方。比如总结的最后一段是说工作差距的，我以为就没有必要。因为这是经验总结，这里不必表示谦虚。像这样的结尾，差不多的文章都有，简直成了套子，有点一般化，没有实在内容，我看写不写都一样，这是我的一点看法，提请大家参考。这是第一点。

第二优点是“实”。这篇总结写得很朴实，不虚，不空，完全用事实和数据说话。

★ 用数据说话同用事实说话，可以说是现代化的要求。

现代化的一个重要标志是数量化。在欧洲，十六、七世纪标志着进入现代社会的一些人物，如伽俐略，他们的重要贡献就是提出了数、量的观念。古代，数和量的观念不强，什么都糊里糊涂，模模糊糊。我读古书的时候就有这样一种感觉。很多应该用数字说明的地方，没有数字，而有数字的地方，数字又不甚可靠。比如历史上在记载战争时，一说就是“斩首级几十万”。我很怀疑。以古时的国力、人口和那种比较原始的武器，会有那样大的伤亡？我想，这种数字可能是经过夸大的估计数吧？现代社会不同了，随着科学技术的发展，有的东西真是差之毫厘，谬以千里，马马虎虎不行，没有数的观点更不行。特别是搞现代化，科学化，没有精确的数据是很难得出科学的结论的。不仅搞自然科学，搞技术是如此，即使是研究社会科学，也是如此。教育学、法律学、社会学等等都需要用数据说明问题，更不用说研究经济学之类的了。用数据说话同用事实说话，可以说是现代化的要求。

但是，我们在使用数据时必须注意几个问题。第一，数据要准确，必须真实可信。第二，使用的数据要经过认真的选择，就是要求选用最能说明问题的数据，而不是数字越多越好。数字过多，又不能说明问题，不仅使人眼花缭乱，而且会把问题弄得很糊涂。第三，对有的数字要进行必要的分析。首钢总结中的数字，我核对过一遍，凡是有总数又有分解开的数字的地方，把分解的数字加起来，和总数是相符的，这说明各项数字是经过核实的，是有依据的。不过有的地方的数字还看不太清楚。这也可能是我不熟悉情况造成的。比如，在总结如何解决教育经费的一节中说：教育经费由公司管理费列支，按工资总额的百分之一掌握使用；各厂矿支出的费用则列入本单位生产成本。后面又说道：把这些款项加起来，平均每个职工全年的教育费大约为 10 元左右。如果根据这两个基数推算一下，似乎有点问题。因为一个职工全年平均的教育费是 10 元。而 10 元又仅只占职工工资总额的百分之一，因此，每个职工全年平均工资总额就是 1000 元，每月平均工资总额则为 83 元强。据说，我国的工资平均总额是每月 65-70 元，首钢的工资有那么高吗？我不清楚，所以有点疑惑。但总的来说，这篇总结写得还是很实的。这是第二个优点。这里，我还要强调一

★ 第一，数据要准确，必须真实可信。第二，使用的数据要经过认真的选择。第三，对有的数字要进行必要的分析。

下，实，不虚，不空，用事实和数据说话，这种文风是特别值得提倡的。过去，受传统的影响，无论写什么文章，对数字都是重视不够的。最习惯的是抒发点感情，空发点议论。60年代，我曾给参加函授学习的几百位同志出过一个作文题目《北京》，结果收回的作业全部都是抒情散文，一篇例外都没有。如什么《北京车站的钟声》呀，《天安门前的华表》呀，《东西长安街的灯柱》呀，竟没有一篇用事实或数据来说明问题的。比如说北京海拔有多高，气候怎样，雨量多少，等等，没有一篇写这样的内容。无论是历史的，地理的，无论是科学技术和生产方面的，文化教育方面的，用点数字说明的，一概没有。当然，首都是容易引起人们的感情活动的，抒发抒发也是可以的。但总得多样化嘛。可是人们特别不喜欢用事实和数据说话，总喜欢发点空论，发抒点不怎么真实的情感。这是我们若干世纪以来的老传统，一直影响到现在。流传最久、最广的所谓“脍炙人口”的好文章，不就是《桃花源记》[1]《醉翁亭记》[2]，还有《师说》《进学解》《六国论》[3]等等那些名篇吗？都是写景，抒情，发议论的。有点科学内容的文章是不大能“脍炙人口”的。“十年动乱”，不仅没有改变这个不好的传统，反而朝“假、

[1]《桃花源记》：东晋文人陶渊明的代表作之一，是《桃花源诗》的序言，选自《陶渊明集》。

[2]《醉翁亭记》：作于宋仁宗庆历六年，作者欧阳修是我国北宋时的著名散文家和诗人，文章描写了滁州一带自然景物的幽深秀美，滁州百姓和平宁静的生活，特别是作者在山林中游赏宴饮的乐趣。

[3]《六国论》：北宋文学家苏洵政论文代表作品。本文提出并论证了六国灭亡“弊在赂秦”的精辟论点，“借古讽今”，抨击宋王朝对辽和西夏的屈辱政策，告诫北宋统治者要吸取六国灭亡的教训，以免重蹈覆辙。

大、空”的方向恶性发展了。不真切的抒情是最容易用来装腔作势吓唬人，或者堆砌辞藻❶哗众取宠❷的。所以，我今天特别强调写文章要“实”，要用事实和数据说话。

第三个优点是“有特点，有个性，不一般化”。我们读过印发的这篇总结就会感到，这个单位是比较大的。因为大，办业余教育有些问题就不好解决，比如领导体制怎么建立，用什么形式办学，教育经费如何解决，师资如何配备，等等。这篇总结回答了这些问题，写得有理有据，所以是有特点的，不是一般化的。大家知道，我们过去在写作上有个通病，就是一般化。无论写什么东西，都是一种模式，一个调子，甚至是一种语言。这种风气在“十年动乱”期间，更是大有发展。特别是应用文，像总结、报告之类，如果把里边的人名、地名、单位名称等等专有名词换掉的话，这篇和那篇就都差不多是一个样了。这是一个相当大的问题，是文风问题。一般化，实际上是思想僵化的反映。思想僵化，就不能发现新的情况，解决新的问题。这对现代化建设，极为不利。

总之，我觉得，这篇总结的确写得不错。它写得“短”，写得“实”，写得“有特点，有个性，不一般

❶ 辞藻：修饰文词的典故或华丽的词语等。

❷ 哗众取宠：以浮夸的言论迎合群众，骗取群众的信赖和支持。哗，喧闹，吵闹。哗，使群众兴奋激动。宠，喜爱。出自《汉书·艺文志》。

化”。当然，如果能在“短”的基础上更精炼一些，在“实”的基础上使数字更准确一些，去掉那个“一般化”的结尾，就更完美了。

下面谈谈写作练习问题。

在职工作的同志练习写作，主要应该练习写短小的文章，写实实在在的，有特点、有个性、不一般化的文章。不一定是写总结，写什么都要这样。抒情散文尽可能少写。因为就大多数同志的工作性质讲，应用抒情散文的地方很少。当然，读一些抒情散文也可以。散文在语言上是很讲究的，读一些可以帮助我们积累一些语言材料，揣摩揣摩别人是怎样运用语言的。在写得短这个方面，我国古代散文很有特色。王安石[1]的《读孟尝君传》[2]只有88个字，可是写出了王安石对孟尝君的一些看法和对历史的一些见解。语言精炼，结构严谨。不论你是否同意他的见解，你不能不佩服他用那么短的篇幅就鲜明地表述了他的意见。其他一些名篇，往往也只有几百字或一两千字，就能记叙清楚，描写生动而感人。这是很不容易的。但是因此大家就都去写抒情散文，我觉得也没有必要。对于古代的东西，我们应该取其可取，弃其当弃才好。我主张继承古代散文使用语言简约、精炼，构思行文严整、

❶ 王安石（1021–1086）：北宋著名政治家、思想家、文学家、改革家，唐宋八大家之一。传世文集有《王临川集》《临川集拾遗》《临川先生文集》等。

❷《读孟尝君传》：中国历史上的第一篇驳论文。王安石指出孟尝君非将士之人，只不过是鸡鸣狗盗之雄而已，而贤明之士是指治国安邦的人，正因为孟尝君门下尽是一些雕虫小技之士，所以真正的贤明之士是不肯投靠他的，观点有新意，其实这里有一个人才的标准问题。

缜密这些特点，而不要单纯地去学写景、抒情这种写法。我之所以要特别强调这个问题，是因为我们过去有这么一个传统，直到现在影响还很深。比如，1977年大学招考，我收集了一下各省、市的语文试题，作文大都是抒情散文题目。在我们实际生活中，在工作中，这类文体的用处很小，常常要写的是工作性、科学性的东西。因此，练习写作，首先要从工作出发，写些实在的东西，而不是从兴趣出发或因袭传统去写些不着边际的抒情散文。

其次，练习写作要注意在两个方面下些功夫。

★ 叙事要清清楚楚，分析论证要合情合理，恰如其分。

第一，练习写作时首先要通观全篇，在铺陈事实、说明论证方面，认真推敲，在结构方面要周密思考，不说做到天衣无缝，但缝不要太多、太大，起码要保持思路连贯一致，材料和观点统一。叙事要清清楚楚，分析论证要合情合理，恰如其分，做到言之成理，持之有据，不夸大，不掩饰，让人一看就清楚明白。拿我们印发的总结来看，有的地方还值得进一步推敲。如在“党委重视，加强了领导”一节分析情况时指出：“我公司6万多名职工中，1968年以后进厂的新工人约占64%。这些青工名义上是初中或高中毕业生，但绝大多数的实际文化程度只相当于小学或初中，再加上文化程度较低的一部分老工人，文化水平在初中以下的职工约占职工总数的84%。技术人员只占职工总数的4%多一点，其中约有一半还是中专程度。干部的业务知识、管理工作水平也很低。”而总结的前言部分却是这样写的：“职工教育工作的开展，有力地促进了企业管理水平和生产水平的提高。”接着，列举了一系列的例子：“1979年全公司钢、铁、坯、材等12种主要产品产量，全部完成或超额完成国家下达的生产任务，八种产品达到优质水平，精矿粉、铸造生铁获得国务院颁发的质量金牌奖。30项可比技术经济指标全部超过了1978年创造的历史最好水平，其中16项指标夺得国内同行业的冠军。精矿品位、高炉利用系数、入炉焦比，转炉利用系数，平均炉龄和钢铁料消耗等6项指标进入世界先进行列。”

另一处说：但首都钢铁公司“文化大革命”前业余教育搞得不错，是有底子的，然而，“在林彪、‘四人帮’横行时期，我公司的职工学校被解散，公司教育处也被撤销。1978年初，党委决定恢复教育处”，职工教育才又上马。把这几处联系起来看，不免令人产生这样的疑问：职工文化技术低，职工业余教育才恢复了一年多，就能收到那么大的效果，使生产水平有那

么大的提高吗？生产水平提高肯定是事实，列举的那些事例都是有根据的。问题在于，生产水平的大幅度提高是不是仅仅由于职工业余教育的恢复和发展呢？恐怕不是。不难理解，粉碎了“四人帮”，政治的、经济的各项政策得到落实，工人积极性有了很大提高等等，恐怕是生产水平提高的重要原因。职工教育的恢复和发展当然也会起作用，但是在这么短的时间里，单是教育这一方面是起不了那么大的作用的。因为教育不是立竿见影，春种秋收的事情，教育见成效是缓慢的。怎样分析生产水平提高的原因，怎样分析职工教育恢复和发展在生产水平提高中所起的作用，都需要实事求是，恰如其分。一说思想工作，就把一切成绩都归之于思想觉悟的提高；一说职工文化技术教育，就把一切成绩都归之于业余教育的作用；一说落实政策，就把一切成绩都归之于政策的威力。如此等等，都失于片面化、简单化、绝对化。过去，我们吃这种亏是很多的，应当引以为戒。从写作的角度来看，写文章一定要通观全篇，弄清文章各个有关部分之间的关系，作到前后一贯，合情合理，不可顾此失彼，失于照应。事情的分析和文章的写法是密切相关的。

★ 写文章一定要通观全篇，弄清文章各个有关部分之间的关系，作到前后一贯，合情合理，不可顾此失彼，失于照应。

第二，无论写任何文章都要注意语言的准确性和

★ 无论写任何文章都要注意语言的准确性和模糊性。

模糊性。前面提到，前几天语言学会请陈原同志作学术报告。他在报告中就讲了语言的准确性与模糊性的问题，讲得很好，对于我们练习写作很有启发。他举了一些生动的例子说明，人们运用语言要求准确，但在日常生活中却只能模糊一点。比如，天气预报说的大雨、中雨、小雨原是有严格界限的。降雨量在若干毫米以下的叫小雨；若干毫米以上，若干毫米以下的叫中雨；若干毫米以上的叫大雨。我们在日常生活中所说的大雨、中雨、小雨，就比较模糊，没有那么准确。准确与模糊是相对而言的。表达的时候，应当准确的地方必须准确；可以或者需要模糊一点的时候就模糊一点。不能说得很绝对，但是也不能随随便便，要看表达的需要。我们选印的这篇总结里引用的那些数据和事实的叙述，大都是准确的。如果没有这些数据和事实的叙述，所谓生产水平的提高就只是一个模糊的说法了。在这里，还有一份总结在谈到职工业余学校怎样解决师资来源问题时，介绍了聘请兼职教师的经验，说兼课教师应"给予适当报酬"。"适当"二字，就显得模糊一点。这是一份经验总结，需要用准确的语言，经验才能介绍得比较具体，供人参考。但是，有的时候就需要用这一类模糊的语言，像"一定”“适当”“基本”“大概”“可能”之类就都是一些模糊的字眼。在有的场合需要用这类字眼，比如，“对违反操作规程因而造成事故的，要给予适当的处分”，这里就只能用“适当”。我们在学习运用语言时，必须从实际出发，认真选用最恰当的说法。

在职学习的同志最好作两种练习——

第一、写片断。这种练习最好每天做。如果实在不行，每周总得写两三次。

★ 我们在学习运用语言时，必须从实际出发，认真选用最恰当的说法。

写片断就是只写一小部分，只写一二百字、至多三五百字，甚至几十字都行。写一件事，不从头至尾全写，只写事件过程中的某一个时段，这就是一个片断。比如春游，不一定写一天游赏的全部经过，只抓住其中的一件事，或一景一物来写。写一样东西，不写全貌，只写一个侧面。读一本书或看一场电影，不全面分析评价它的内容或人物，只写自己感受最深的某一点体会或感想。结合自己的工作，写一个什么建议，分析工作中的一个问题，批评生活中一种不良倾向，等等，都可以。

这种练习写片断的方法有两个好处。一是短，不费很多的时间，容易坚持。二是因为写得短，可以有时间去逐字逐句地推敲。这样做很有利于提高语言表达能力。短文也同样有组织材料、明确观点、谋篇布局的问题。写讨论性的东西，也有论点、论据和推理的问题。如果我们在这些方面不断地推敲，就可以开拓我们的思路，增强我们的思维能力，运用语言也会越来越缜密[1]，越来越熟练。天长日久，写作能力一定会提高。不要小看这些片断，长文章还不是由一个个观点生发开来，组织而成的？我劝大家多做这种练习，多多益善。

[1] 缜密：细致精密；谨慎周密。出自《宋史·李侗传》。

第二，写一整篇文章要反复改。这种完整的、比较长的文章不必多写，一两个月、两三个月写一篇就行。但是，不能写完拉倒，一定要反复修改。改文章是没有止境的。有人说大作家的文章一字不能改，没有那么回事。有些作家，出版了一本书，再版、三版的时候每次都有所修改嘛。改什么呢？改的头一步就是删，按照写“短”，写“实”的要求，把该删的和可删的地方统统删掉。文章里的水分少了，就显得更短更实了，个性特点也突出了。删改的过程，往往是进一步整理思路的过程，也是充实文章内容和突出其特点的过程。第二步是补。文章经过删改，可能会出现删过头的现象，在删掉没有用的东西时，把一些有用的也删去了，或者文章本来就缺点什么东西，这就要补。补就是充实。补什么呢？这就看缺什么了。如果论述不全面，就要补观点；如果文章说服力不强，就要补例证，包括数据。补多了再删，删多了再补。人们对事物的认识总是不断加深、不断提高的，有时是要经过多次反复的。写出文章来反复修改正是反映了认识的不断提高。没有增一个字则太多，减一个字则太少的神话。第三步就是推敲全篇的逻辑结构，看看自己表述的东西是不是合情合理，恰如其分。

文章就是这样修改出来的。写了一篇文章，放起来，过一个星期拿出来看看，往往自己就会发现问题。改一回，放起来，过些时候又拿出来改一遍。这样反复修改几次，直到满意为止。写出来先请别人提提意见，指点指点，自己拿回来改，是一个好办法。自己写的文章，自己往往不能发现问题，经人一指点，有所启发，拿回来改，就有下手的地方了。从练习写作的角度看，写一篇文章多修改几次，远比匆匆忙忙多写几篇、写完拉倒，或者等着别人给改、改完大致看看拉倒为好。多改就多动脑筋，无论是推敲内容，或是斟酌字句，这样锻炼下去，效果是会很显著的。

> ★ 多改就多动脑筋，无论是推敲内容，或是斟酌字句，这样锻炼下去，效果是会很显著的。

把写片断和写整篇结合起来，每一两天、两三天就写上一段，每一两个月、两三个月写一整篇，然后

★ 只要自己坚持努力，又能按时完成作业，认真研究老师的意见和建议，研究老师的批改，自己反复实践，你们的写作能力一定会提高的。

反复修改，这样交错进行，半年一定有半年的进步，一年有一年的提高。我建议大家试一试。诸位现在都参加学习班，有老师对我们的写作进行帮助、指点，我想只要自己坚持努力，又能按时完成作业，认真研究老师的意见和建议，研究老师的批改，自己反复实践，你们的写作能力一定会提高的。

本文是著者在北京市工农教育研究室举办的在职干部《语文学习讲座》上的一次报告摘录。由张盛如、惠兰整理，发表在1980年11月《语文学习讲座》函授讲义第6期。

十　谈应用文

平常所谓“应用文”，指的是处理事务的、一般有些惯用格式的那种文章，例如书信、通知、报告、记录等等。

对于学习写应用文这件事，有两种看法。一种把它看得很重要，认为非学不可，不学就不会，不会写应用文是不行的。另一种看法正好相反，认为应用文无非也是文章，不必专门学它，只要会写一般的文章，就一定会写应用文。

我们认为，这两种看法都有一部分道理。

★ 应用文和一般的文章的确有很多共同点——都是用书面语言来表达思想，都要求用词恰当，句子通顺，条理清楚，明白通畅。

应用文和一般的文章的确有很多共同点——都是用书面语言来表达思想，都要求用词恰当，句子通顺，条理清楚，明白通畅。因此，要会写应用文，必须会写一般的文章，必须学会用词造句的一般道理。要是连个普通的句子都写不通，就忙着学写应用文，那是舍本逐末。只要掌握了运用语言的一般知识，能够写通一般的文章，应用文可以说一学就会，用不着多大工夫。

在旧社会，写应用文可真不是一件简单事。那时候，社会上流行着一套虚伪的封建礼法，处处要讲究长幼尊卑的封建关系，统治阶级的人物更是处处要运用蒙上欺下、推诿搪塞[1]、言不由衷的处世哲学。那一套社会风气充分反映在应用文里。私人书信里这样，公文里也是这样。写封信，要讲究怎样称人，怎样自称，怎样抬头，怎样请安。就连写个信封，收信人有的要写名，有的要写字，名字底下要写个“× 启”，“启”上边这个字，通行的就有“大、台、惠、钧、安”等不下十几个，按双方的身份、地位、关系来选用。信封写成几行都有讲究，叫作“三凶、四吉、五平安”。就是说，除非报丧信，信封上写成三行（收信人地址一行，收信人姓名一行，发信人地址一行）是不许可的，必须把收信人地址设法写作两行，总共成为四行，那才“吉”。（另一个说法是信封上盖三个图

[1] 推诿搪塞：彼此之间互相推托，谁也不愿承担责任。

章表示凶，四个表示吉，五个表示平安。）公文里边，上级接到下级的来件，回文时要说“等情据此”，下级接到上级的来件，回文时要说“等因奉此”；下级请求上级批准什么，要说“伏祈”如何，上级嘱咐下级什么，要说“仰即”如何。名目格式，种类繁多，上级对下级、下级对上级、同级对同级，各有若干种。名目格式之外，行文中间又有一大套不着边际，便于捣鬼的“词令”，如“事出有因，查无实据”之类。试想，那种应用文岂不真的成了一门大“学问”！今天，有人一谈到应用文就觉得不容易，恐怕多少反映了旧社会应用文传统留在我们脑里的一点阴影。

事实上，今天所说的应用文跟旧社会的应用文已经有了本质的不同，因为社会的性质改变了，人与人的关系改变了，而应用文是直接反映社会性质和人与人的关系的。

★ 我们的应用文也要求一些简单的格式，讲究必要的礼貌，讲求写法。

我们的应用文也要求一些简单的格式，但是，目的只在于双方处理起来方便；我们的应用文也讲究必要的礼貌，但是，我们的礼貌是社会主义的互相尊重的礼貌；我们的应用文也要讲求写法，但是，目的在便于解决工作上的问题，不需要使用什么特殊的“辞令”。

有一个中学生对我说，他不会写请假条。我问他：“口头上请假，你会吗？”他说：“会。”我说：“那么，假如我是你的老师，你生病了（比如头忽然疼起来了），下午不能来上课，你向我请假，该怎么说呢？”他毫不迟疑地回答：“张老师，我头疼得很厉害，下午不能来上课了，请半天假。”我说：“你就这样写下来，下边签个名字，写个日期，这就是很好的一个请假条，能打5分。”最初，他对我的话半信半疑，经过一番解释，他才相信了。

★ 把写应用文这件事估计得不合实际地那么困难。我们认为，这种看法需要澄清一下。

我时常接到一些青年同志来信，问一些有关语文的问题。有的来信开头这样写：“今天来信，不为别事，只因我在学习中有一个问题……”显然，开头的10个字是完全不必要的，而这位同志正是因为心里想着“我是在写应用文”，才把这种废话写上去；他写一般文章的时候，开头决不会来一句“今天作文，不为别事，只因……”的。

从这些事情看来，旧的应用文观念的确还或多或少地存在，这种观念使一些人对今天的应用文有一种不够适当的看法，把写应用文这件事估计得不合实际地那么困难。我们认为，这种看法需要澄清一下。

然而，另一方面，认为应用文一无可学、一无可讲，也是不尽妥当的。我们在生活和工作中常常要用应用文，看别人写的，自己也要写给别人。某些应用文在写法上确实有一些特点，有一些要求。这些特点和要求，讲起来不难，可是不讲就未必知道。明明是非用不可的东西，我们不给青年学生一些指点，让他自己去摸索，这是说不过去的。有这样的事：一个参加工作不久的青年，看见公文上有“抄送 ×××××”不懂是什么意思，以为是要他把这件公文抄几份，分别送给列出的那几个机关。拿写信来说，我收到的来信之中，末尾就有把“此致敬礼”写成“致礼”“致以礼”等等的各种写法。像从前那样讲究“敬请 × 安，× 祺”是不必要的，可是大家随便用“致礼”之类不大说得通的话，也没有好处。至于不知怎样作会议记录、作工作报告的，更不少见。如果说，念过一些诗歌、小说、散文，练习过一般的作文，就应该会作记录，会写报告，那怕是不合事实的。

对于应用文的格式，我们也需要有适当的看法。有人把格式看得太重要，有人又看得过于微不足道。把应用文的格式弄得很复杂，用格式表示种种封建关系，表示虚伪的繁文缛礼[1]，那是旧社会应用文的传统，要不得。但是为了清晰醒目，为了处理起来方便，

[1] 繁文缛礼：繁琐的仪式或礼节；亦比喻其他繁琐多余的事项。

★ 不能把应用文复杂化，要打破旧的应用文观念，建立新的应用文观念，简单明了而足以致用。

某些应用文的确需要有一些简单的、大体上一致的格式。这些格式，如果不加指点，中学毕业生也要摸索一些时候才懂。

因此，中小学里，在一般的语文教育的基础上，根据学生的程度，把学生毕业后经常用得着的、需要指点才会写的应用文讲一讲，让学生练习练习，我认为是有必要的。这项工作不应该占用太多的时间，也不需要用多少时间，做起来没有什么困难，而对学生很有益处。应该研究的是，各级学校应该讲哪些，怎么讲，怎么练习，这些都要作适当的安排。更重要的是，不能把应用文复杂化，要打破旧的应用文观念，建立新的应用文观念，简单明了而足以致用。

1958 年 1 月

十一　说“练”

语言是个工具。掌握工具要靠练。练才能熟。熟能生巧。

练什么，怎么练呢？

语言首先是口耳之事，因此练口、练耳是基础。语言还是文字之事，所以在口耳训练的基础上还得练眼，练手。

★ 语言首先是口耳之事，因此练口、练耳是基础。

过去教语言，往往忽略口、耳，只注意手、眼。这是砍掉植物的根而希望它开花的办法。充其量这叫插瓶，也许能开两朵花，然而开不多，也开不久。

练口，要从发音练起。要从小训练发音准确，清晰。发音含糊，拖泥带水，把词句中的某些音节“吃掉”之类的现象，必须纠正。要练读，大声地读。字读得对，句逗读得清楚，读出抑扬顿挫❶，读出语气神情，才算合格。要练说话，要求说话一字不苟，清楚完整。说稀里糊涂的话，说半截话，都应当纠正。“这个，这个”“那个，那个”“嗯”“啊”之类的东西，应当避免。进一步要求说话爽朗流利，有条理。所答非所问、拖沓重复、漫无边际、语无伦次❷等等现象，都应当纠正。

练耳，就是训练听的能力，要求听得准，听得清楚，听得完全，并且能抓住要领。对于近似的声音，对于语调语气，要有分辨的敏感。要能准确地听懂别人的话，不走样；要能完整地听进别人的话，不遗漏。可以一直训练到听话的态度。听别人说话，思想不集中，走神，或者缺少耐心，才听了上半截就自以为知道了下半截，乃至不等人家说完就打岔，这些习惯都应当随时纠正。

口耳训练是一项经常的工作。课内课外，要随时进行。因此，教师对于口耳训练的重视和自己的示范是关键所在。此外，需要有计划地做一些练习。除了我们所熟悉的朗读、听写之类的练习方法，还可以配合着阅读教学和作文教学，设计多种多样的练习。例

❶ 抑扬顿挫：指高低起伏，停顿转折。形容音乐悦耳动听或诗文可读性强，朗朗上口，音调铿锵有韵。出自晋代陆机《遂志赋》。

❷ 语无伦次：形容话讲得很乱，没有条理层次。出自宋代胡仔《苕溪渔隐丛话前集》卷七引《诗眼》：“古人律诗，亦是一片文章，语或似无伦次，而意若贯珠。”

如：口头报告、讲故事、打电话、讨论问题、不化装的短剧排演、复述教学的讲解、复述听过的报告、复述广播节目的内容、传达别人的意见等等，都是可以采用的方式。

不要认为口耳训练跟读书作文没有关系。把一个孩子训练得“出口成章❶”，再要训练他“下笔成文❷”将是事半功倍的。反之，如果学生读学过的文章还结结巴巴，上句不连下句，既无语调，更无神情，说起话来，哼哼唧唧，前言不搭后语，想训练他写好文章必定是事倍功半的。

练眼，一练看得准，一练看得快，终于要达到快而准。我注意过一些青年，有的看东西很慢，一个短短的传阅通知要看好半天，甚至看一遍还不放心，必须回头再看一遍才算数；也有的看东西马虎，看完一个开会通知，不是忽略了日期，就是忽略了时间，或者没看清地点，结果，通知虽然看了，过后还得打电话到发通知的地方去问。要达到快而准，当然需要一些条件，例如，字要认得够用，理解词句内容的能力高，等等，但是也还需要练，看的能力需要通过训练而得到提高。发给学生一篇浅显而易懂的文字，几分钟之后，问他们一些问题，看看谁看得精细，这类练

❶ 出口成章：出自《诗经·小雅·都人士》，形容人文思敏捷，口才好。

❷ 下笔成文：一下笔就很快写成文章。形容文思敏捷，才华横溢。出自三国·魏·曹植《王仲宣诔》。

习似乎可以做一些。读书比赛，似乎也可以偶一为之。在经常的课堂教学中，有不少机会可以有意识地进行看的训练。

★ 所谓练手，无非是训练写的能力，目的在达到写得对，写得好，写得熟。练手要从词句练起，逐步练习写成段成篇的文章。

练手，一向是语言教育中最受到重视的。事实上，如果口、耳、眼都训练得比较好，练手并不困难；反之，前边三项训练不足，练手就会有不少的障碍。所谓练手，无非是训练写的能力，目的在达到写得对，写得好，写得熟。练手要从词句练起，逐步练习写成段成篇的文章。词句的训练应当进行比较长的时间，一直到已经能作相当长的文章了，（比如说初中二三年级，乃至高中一年级）还应当不断地进行词句训练。因为，遣词造句是作文的基础，而遣词造句的功夫，几乎是没有止境的。历史上优秀的作家，斟词酌句的故事很多很多。一切好文章，它的好的思想内容和好的章法，总还是要通过精到的遣词造句表现出来。今天，有些青年，一直到高中毕业，写作能力还不符合要求，原因之一恐怕就在于过早地丢开了词句训练。一般情况，小学中、低年级都做造句之类的练习，一到高年级，特别是到中学，就很少做了。教师、学生都觉得，一个中学生还练习造句，不像话。可是，有一个中学就曾有过这样的经验：在高中一年级做了一次造句练习，结果学生发现，作这个练习比作一篇作文吃力，而且平时作文能得80分的，这次练习只得了60分。教师也发现，批改这次练习，比批改一次作文用的时间还多。词句训练，可用的方式很多，不只造句一种办法；要求也可以从低到高提出不同的标准。总之，要练手，恐怕在相当长的时间里要把两个方面结合起来：一是训练学生放开思路，大胆发挥；一是训练学生细磨细琢，严密推敲。

练手，还应当包括写字在内，这也是十分值得重视的一个方面。

★ 口、耳、眼、手都跟头离不开，无论练哪一项，都在同时练思想。

口、耳、眼、手都跟头离不开，无论练哪一项，都在同时练思想。这里只提口、耳、眼、手，取其形象而已。

总括起来说，练口，练耳，练眼，练手，目的在于培养学生对语言具有较高的敏感，对运用语言有熟练的技能。敏感和技能合起来，就是说，能够自然地、迅速地辨出语言的正、误、美、恶，能够纯熟地、从容地读书，作文。

要达到上述的目的，学点知识——语音、语法、修辞、逻辑之类，当然是必要的。然而必须明确，在普通教育的语言教育之中，实际的训练是主要的，基本的，教点知识要为培养技能服务。世界上有的是没念过游泳术而在实际锻炼之中游得很好的人，决没有精读游泳术而从不下水的游泳家。只有在天天下水的基础上辅以游泳技术的指点，这游泳术才起作用。

练功夫，掌握技能，有个诀窍：严格。练功夫而马虎，几乎比不练还坏。一个音，一个字，一个句子，对不对；好一点，差一点，仿佛关系不大，可以将就过去。不，不能将就！今天我们抱怨有些青年作文章用词不妥当，句子不通顺，章法没条理，写字不工整，其实，根源就在他们从前的老师“将就”得太多了。练语言功夫应该向练走钢丝的、练唱的、练武功的演员们吸取经验。在这个问题上，看看周信芳[1]、盖叫天[2]几位老先生的文章是有启发的。学语言“非下苦功不可”，毛泽东同志这句话我们都记得很熟，问题是，我们不能只在口头上背诵，而要深入体味，身体力行。

❶ 周信芳（1895–1975）：中国京剧表演艺术家，京剧麒派艺术创始人，艺名麒麟童。代表剧目有《扫松下书》《斩经堂》《清风亭》《坐楼杀惜》《义责王魁》等。

❷ 盖叫天（1888–1970）：中国著名京剧演员。原名张英杰，号燕南，直隶高阳（今河北省内）人。幼时入天津隆庆和科班，习武生，后改习老生。倒嗓后仍演武生，以短打武生为主。长期在上海等地演出，宗法李春来并且有所发展创新，最终形成了自己独特的艺术风格，世称“盖派”。代表剧目有《武松》《十字坡》《三岔口》《一箭仇》等。

十二　古人的作文训练

传统语文教育中的作文训练，由于跟科举制度的关系十分密切，所以糟粕很多。但是就其方法步骤而论，也不无可资参考之处。这里提出几个问题来，试加探讨。

1.“词”“意”并重——作文训练的原则

前人训练学生作文，主张“词”“意”并重，或者说“辞章”[1]“义理”并重，换个说法是，作文应该以“意”为主，以“义理”为根本，但是好的“意”，正确的“义理”，必须用恰当的“词”、好的“辞章”表达出

[1] 辞章：诗词文章等的总称；亦指文章的修辞、写作技巧。

来。杨希闵引陆九渊的话说：

> 吾友却不理会根本，只理会文字。若根本壮，怕不会做文字？今吾友文字自文字，学问自学问。若此不已，岂止两段，将百碎。[1]

章学诚从另一面说过来：

> 义理不可空言也，博学以实之，文章以达之。[2]

孙奕说：

> 作文有三病：意到而辞不达，如讼者抱直理，口讷莫伸，一病；辞达而调不工，如委巷相尔汝，俚鄙厌闻，二病；调工而体不健，如堂堂衣冠美丈夫而无精神，三病。[3]

唐彪引顾泾阳的话说：

> 意与词相为联属者也。意铸矣而词不琢，将并其意而失之。…… 是作文不可有意无词也。然琢词不可无法。短则欲该，如欧阳公“环滁皆山也”一句，省却许多字而意未尝不尽也。长则欲逸，如昌黎公“若驷马驾轻车就熟路而王良造父为之后也”，字虽多而逸致动人。[4]

崔学古训练学生作文的要求是：

> 造意要超卓，立格要正大，题旨要明透，笔气要清顺。此为行文要务。[5]

❶ 出自杨希闵《读书举要》。

❷ 出自章学诚《文史通义》。

❸ 出自孙奕《示儿编》卷八。

❹ 出自《读书作文谱》卷六。

❺ 出自《少学》。

作文训练的这种原则和要求，同前边谈到的阅读训练中“文”“道”不可偏废的原则是相通的，是一件事情的两面，无需再多加申说。

2. 先“放”后“收”——作文训练的步骤

古代学者一向主张训练学生作文要经过“先放后收”的过程——首先鼓励学生大胆地写，等有了一定的基础再要求精炼严谨。我们所熟知的唐宋八大家，好几位都谈过自己的这一种经验，也表示过这样的主张。例如，苏轼说：

> 凡文字少小时须令气象峥嵘，采色绚烂，渐熟乃造平淡。其实不是平淡，乃绚烂之极也[1]。

连最主张庄严典重的欧阳修也说：“作文之体，初欲奔驰”[2]。宋人谢枋得并且根据“先放后收”的原则编了一部阅读课本《文章轨范》。这部书分两部分，前半叫作“放胆文”，后半叫作“小心文”。在所谓“放胆文”的前边，编者写了这样几句引言：

> 凡学文，初要胆大，终要心小——由粗入细，由俗入雅，由繁入简，由豪荡入纯粹。此集皆粗枝大叶之文，……初学熟之，开广其胸襟，发舒其志

❶ 出自苏轼《与侄简书》，梁章钜《遇庵论文》引。

❷ 出自欧阳修《与渑池徐宰》，《欧阳文忠公文集》《书简》，卷七。

气，但见文之易，不见文之难，必能放言高论，笔端不窘束矣。

宋以后，元代的程端礼[1]，清代的梁章钜[2]、王筠[3]等好些人都曾提出同样的主张[4]。

初学阶段既要鼓励学生大胆地写，所以他们主张批改作文的 时候，不要改得太利害，以免挫伤学生的信心和兴趣。这种主张有广泛的影响。前边提到过通俗类书《事林广记》里的《速成法》[5]，里边就说道：

> 若改小儿文字，纵作得未是，亦须留少许，不得尽改。若尽改，则沮挫其才思，不敢道也。直待作得十八分是了，方可尽改作十分。 若只随他立意而改，亦是一法。

唐彪[6]也说：

> 先生于弟子之文，改亦不佳者，宁置之。……盖不可改而强改，徒费精神，终不能亲切条畅，学生阅之，反增隔膜之见。惟可改之处，宜细心笔削，令有点铁化金之妙，斯善矣。善学者于改就之文细心推究，我之非处何在，先生之妙处何在，逾数月，又玩索之。玩索再四，则通塞是非之故明，而学识进矣[7]。

从这些主张看来，前人在作文训练中很注意培养学生的写作兴趣，发展学生的思考能力。这种经验，显然是值得重视的。在鼓励学生大胆地写的同时，在

❶ 程端礼（1271—1345）：元代学者，著有《读书日程》《畏斋集》等。

❷ 梁章钜（1775—1849）：祖籍福建长乐。曾任江苏布政使、广西巡抚、江苏巡抚等多职，晚年从事诗文著作，一生共著诗文近70种。他还精于对联创作，有数十副题署、酬赠、庆挽联传世。

❸ 王筠（1784—1854）：清代语言学家、文字学家。代表作有《周易详解》《禹贡正字》等。

❹ 见《读书分年日程》卷二，《退庵论文》，《教童子法》。

❺《速成法》：王日休编，与《切字捷法》一起收入《事林广记》，见前页。张伯行辑《养正类编》也收有此书，称《训蒙法》，较《事林广记》所录为略。

❻ 唐彪：生卒年月不详，字翼修，清代浙江人，作品有《读书作文谱》《父子善诱法》。

❼ 出自《父师善诱法》。

用词、造句方面，尤其是在写字方面，要求还是十分严格。这是大家熟知的情形，这里不多说。

3. 多作多改——作文训练的方法

古文家很多人都曾用多作来总结他们自己从事写作的经验，并且用这条经验要求年轻的一代。韩愈、柳宗元都是主张文以载道的，因而主张作文要慎重将事，不能“掉以轻心”。但是他们同样也主张学文要能推陈出新，放胆多作。

韩愈说：

> 能者非他，能自树立，不因循者是也[1]。

柳宗元说：

> 吾虽少，为文不能自雕斫，引笔行墨，快意累累，意尽便止，亦何所师法[2]。

欧阳修说学文有三个要点，一是多读，一是多作，一是多商量。苏辙也说，学作文章一定要多看多作[3]。为什么必须多作呢？清代桐城派作家姚鼐提出了简明扼要的解释：

> 大抵文字须熟乃妙，熟则利病自明[4]。

[1] 韩愈：《答刘正夫书》，《朱文公校昌黎先生集》。

[2] 柳宗元：《复杜温夫书》，《注释音辩唐柳先生集》。

[3] 这类记载很多，见陈师道《后山诗话》、欧阳修《归田录》等书。

[4] 出自姚鼐《与陈硕士书》，见《惜抱尺牍》。

“利病自明”正是熟练的表现。要达到这种境地，唯一的办法就是多作。所谓多作，当然主要是指写成篇的文章。但是在训练的过程中，也需要从更基本的工夫练起。以前我们谈到过“属对”，那就是初步的作文训练。下边我们还要谈到另外一些训练基本工夫的方法。这些，都包括在多作之中。

多改，目的在于深入揣摩，一方面可以达到更牢固地掌握语言文字的运用方法，同时养成严肃认真、一丝不苟的写作态度和习惯。这是前人在作文训练方面非常突出的一条经验。贾岛的“推敲”的故事，欧阳修改定《醉翁亭记》[1]第一句的故事，王安石改定“春风又绿江南岸”这个诗句的故事，都是脍炙人口的轶闻美谈。这一类的故事，可以说举不胜举，而前人一向就是用这些故事来鼓励学生勤于推敲、认真修改自己的文章的。多改，并不是依赖老师给改，而是要求学生自己修改，不是只指个别词句的润饰，而是指通篇文章的检点。唐彪《读书作文谱》引武叔卿[2]的话说：

> 如文章草创已定，便从头到尾，一一检点。气有不顺处，须疏之使顺；机有不圆处，须炼之使圆；血脉有不贯处，须融之使贯；音节有不叶处，须调之使叶。如此仔细推敲，自然疵病稀少。

❶《醉翁亭记》：作于宋仁宗庆历六年，作者欧阳修，字永叔，号醉翁、六一居士，北宋时的著名散文家、史学家和诗人，文章描写了滁州一带自然景物的幽深秀美，滁州百姓和平宁静的生活，特别是作者在山林中游赏宴饮的乐趣。

❷ 武之望（1552–1629）：字叔卿，明代医家，著有《济阳纲目》《疹科》等。

多改，还指反复地改。唐彪说：

> 文章初脱稿时，弊病多不自觉，过数月后，始能改窜。其故何也？凡人作文，心思一时多不能遍到，过数月后，遗漏之义始能见及，故易改也。又当其时执着此意，即不能转改他意，异时心意虚平，无所执着，前日所作有未是处，俱能辨之，所以易改。

文章写成以后，当时就要从头至尾地检点一番，修改一番，然后把它收起，过些时候拿出来，重新考虑，再加修改。这个办法，不仅成年的作者经常实行，从前在训练学生学习作文的时候也时常采用。

有些人不但要求学生认真修改自己的文章，还提倡看别人怎样修改文章，从中体会写作方法，吸取有益的经验。所以有这样的传说。

> 黄鲁直于相国寺得宋子京唐史稿一册，归而熟观之，自是文章日进。此无他也，见其窜易句字与初造意不同，而识其用意所起故也[1]。

4. 八股文[2]——程式化的作文训练

程式化的作文训练，是有极大弊害的。往根本处说，足以束缚青年的思想，使他们不能越出封建统治

❶ 朱弁：《曲洧旧闻》，卷四。

❷ 八股文：也称“时文”“四书文”，是中国明、清两朝考试制度所规定的一种特殊文体。八股文专讲形式、没有内容，文章的每个段落死守在固定的格式里面，连字数都有一定的限制，人们只是按照题目的字义敷衍成文。

的牢笼；从写作方面看，必然形成一种追求形式，讲究格律，陈词滥调，言之无物的风气。这和我们提倡的内容和形式必须统一，进步的革命的内容和尽可能完美的艺术形式相结合的文风是根本对立的。不过追溯一下这种方法的来源，分析一下程式的内容，看看在大堆的糟粕之中，是否还包含着，那怕只是一点值得注意的东西——长时间积累的、有助于培养作文能力的经验，还是可以的。

程式化的作文训练，渊源于唐代的帖经[1]和应举诗。唐代以诗赋取士，作应举诗，有“破题”“颔比”“颈比”“腹比”“后比”“结尾”一些名目，格局。到了宋代，罢诗赋，以经义策论取士，于是作文开始有了程式。不过当时的程式还并不多么死，《书香堂笔记》有这样的记载：

> 荆公创立制义，原与论体相仿，不过以经言命题，令天下之文体出于正，且为法较严耳。然当时对仗不必整，证喻不必废，侵下文不必忌[2]。

不过，朝廷既然这样倡导，蒙馆里训练学生作文，当然也就开始往程式化的路上跑了。于是慢慢有了“冒、原、讲、证、结”，“义头、原题、入腹、引证、结题”等种种说法。大致是把一篇文章分作几个部分，

[1] 帖经：唐代科举考试的一种方法。《通典·选举三》：“帖经者，以所习经，掩其两端，中间开唯一行，裁纸为帖。凡帖三字，随时增损，可否不一，或得四、得五、得六者为通。”

[2] 出自《制艺丛话》卷三引。

第一部分是个总冒，概括地说说全文的主旨；第二部分说题意的本原；第三部分是对题意的发挥；第四部分是引用古书上的话或者别的事例来论证；第五部分是结论。训练学生作文的时候，第一步只练习写“冒”（或“义头”），用两三句，几十个字。就这样反复地练，直到一看见题目就能熟练地写出个“冒”来，才进一步练习写“原”，也只用几十个字。“冒”“原”写熟了，再进而练习写“讲”“证”“结”，终至于写整篇的文章。大致从宋代起，经元代至明初，训练作文一直是采用这种五段的程式，虽然所用的名目有种种变化。

到了明代，程式愈变愈严，愈变愈死，中叶以后，终于演变成为八股文，一直流行到清末。顾炎武[1]说：

> 经义之文，流俗谓之八股，盖始于成化以后。股者对偶之名也。天顺以前，经义之文，不过敷演传注，或对或散，初无定式，其单句题亦甚少。成化二十三年会试，“乐天者保天下”文，起讲先提三句，即讲“乐天”四股，中间过接四句，复讲“保天下”四股，复收四句，再作大结。弘治九年会试，“责难于君谓之恭”文，起讲先提三句，即讲“责难于君”四股，中间过接二句，复讲“谓之恭”四股，复收二句，再作大结。每四股之中，一反一正，一虚一实，一浅一深。（亦有联属二句四

[1] 顾炎武（1613–1682）：著名思想家、史学家、语言学家，与黄宗羲、王夫之并称为明末清初三大儒。学问渊博，于国家典制、郡邑掌故、天文仪象、河漕、兵农及经史百家、音韵训诂之学，都有研究。晚年治经重考证，开清代朴学风气。代表作有《日知录》《音学五书》《军制论》《天下郡国利病书》等。

句为对，排比十数对成篇，而不止于八股者。）其两扇立格（谓题本两对，文亦两大对），则每扇之中各有四股。其次第之法，亦复如之。故今人相传谓之八股。……

发端二句，或三四句，谓之“破题”，大抵对句为多。此宋人相传之格（本之唐人赋格）。下申其意，作四五句，谓之“承题”。然后提出夫子（曾子、子思、孟子皆然）为何而发此言，谓之“原起”。至万历中，破止二句，承止三句，不用原起。篇末敷演圣人，言毕自摅所见，或数十字，或百余字，谓之“大结”。[1]

这段话把八股文的源流和内容说得很清楚。此后逐渐定型，成为“破题，承题，起讲，提比，虚比，中比，后比，大结”这么一种死板的程式。训练学生作文，也就先学作破题，次学承题，一步步下去，最后学作全篇。到了清代，并且编出了不少八股文选，供学生阅读学习，如乾隆间方苞[2]奉敕编选的《钦定四书文》[3]等，还有专门指导学生学作八股文的课本，如李元度[4]编的《小题正鹄》等。

上述这种训练方法，其弊害是显而易见的，除了前边说到的两点之外，其适用范围也只在于写所谓“经义”——即阐述四书五经论点的一种议论文，显然失之于偏狭。顾炎武对八股文就曾提出严厉的批评：

❶ 出自顾炎武《日知录》，卷十六。

❷ 方苞（1668–1749）：清代散文家，桐城派散文创始人，与姚鼐、刘大櫆合称桐城三祖。代表作有《狱中杂记》《左忠毅公逸事》等。

❸《钦定四书文》：乾隆元年内阁学士方苞奉敕编《明文》。凡四集：曰化治文、曰正嘉文、曰隆万文、曰启祯文。而国朝文别为一集，每篇皆抉其精要，评骘于后。卷首恭载谕旨，次为苞奏折，又次为凡例八则，亦苞所述，以发明持择之旨。

❹ 李元度（1821–1887）：清朝大臣、学者。著有《国朝先正事略》《天岳山馆文钞》《天岳山馆诗集》《四书广义》《国朝彤史略》等。

> 今之经义策论，其名虽正，而最便于空疏不学之人。……今之经义，始于宋熙宁中，王安石所立之法，命吕惠卿、王雱等为之。…… 陈后山《谈丛》言荆公经义行，举子专诵王氏章句，而不解义。荆公悔之，曰："本欲变学究为秀才，不谓变秀才为学究也。"岂知数百年之后，并学究而非其本质乎！此法不变，则人才日至于消耗，学术日至于荒陋，而五帝三王以来之天下，将不知其所终矣。[1]

至于清末变法维新运动中康有为等人对八股文的批评，辛亥前后许多人对八股文的进一步批判，那是我们都很熟悉的，并且都是批判得正确的，这里无需一一抄摘。

不过，这种方法流行了千把年之久，除了由于它适合科举考试这个因素之外，它本身作为一种语文教育的方法，是否也有某些符合作文训练需要的地方呢？蔡元培[2]曾有过这样的看法：

> 八股文的作法，先作破题，止两句，把题目的大意说一说。破题作得合格了，乃试作承题，约四五句。承题作得合格了，乃试作起讲，大约十余句。起讲作得合格了，乃作全篇。全篇的作法，是起讲后，先作领题，其后分作八股（六股亦可），每两股都是相对的。最后作一结论。由简而繁，确是一种学文的方法。[3]

蔡元培的意见，肯定得未免多了些。但是从指导学生作文看来，我认为以下两点是可以研究一下的：

[1] 出自顾炎武《日知录》，卷十六。

[2] 蔡元培（1868–1940）：字鹤卿，又字孑民，现代革命家、教育家、政治家。中华民国首任教育总长，1916年至1927年任北京大学校长，革新北大，开"学术"与"自由"之风；1920年至1930年，蔡元培兼任中法大学校长。代表作有《蔡元培自述》《中国伦理学史》等。

[3] 出自蔡元培《我在教育界的经验》，《蔡元培选集》，328–329页。

第一，无论是“冒、原、讲、证、结”，或者“破题、承题、分股、大结”，或者“起、承、转、合”，定成死板的公式当然是错误的，但是如果理解为一般议论文的结构特点，则是基本上符合事实的。因为议论文的结构，概括起来说，总不外乎反映提出问题、论述问题、得出结论这三个基本的步骤，而论述问题又往往需要从正反两面来进行。“冒、原”“破题、承题”“起”那些名目，无非都是提出问题、导入主题的部分；“讲、证”“起讲、分股”“承、转”无非都是论述问题、发挥主题的部分；其余则是得出结论的部分。提出问题、论述问题、得出结论，可以有种种方法，应该根据文章的性质、对象、目的来考虑，定出公式和框子是不对的；但是要求初学者熟悉并且掌握议论的基本步骤和基本方法，还是需要的，对于初步培养学生的思维条理也是有益的。

★ 要求初学者熟悉并且掌握议论的基本步骤和基本方法，还是需要的，对于初步培养学生的思维条理也是有益的。

第二，先学局部，后学整体，先学勾出轮廓，后学发挥充实，这种办法，适当地采用，对于训练基本技能有一定的作用。当然，局部不能离开整体而存在，实际写文章的时候，总是先有个整体的观念才能一部分一部分地写下去，勾画轮廓，也必须对于轮廓里边的内容先有个大致的设想，因此，不能把“冒、原”

同“讲、证、结”彻底割裂开来。不过，在初步训练的过程中，适当地划分步骤还是可以的，正像是学画的人先练习基本的笔法，练习画树，练习画石头，练习画山，逐步地练习画整幅的画，先练习比较粗的勾勒，再练习比较细的皴染，道理是一样的。

总之，旧时代采用的程式化的训练方法，就前人实际上的作法来看，特别是到了后期的八股文时期，确是充满了弊端，没有什么可取之处，但是，以披沙拣金的态度透过那些作法去挖掘一下，里边也还包含着某些值得研究的东西。

蒙馆里在这个阶段也教学生学学作诗，有的甚至教一点填词。不过，那不是作文训练的重点，并且也没有多少特别值得研究的问题，这里略而不谈。

阅读训练和作文训练的这个阶段，学生一般要学着使用《说文》《康熙字典》《切韵指掌图》[1]《经传释词》[2]《诗韵合璧》[3]乃至《佩文韵府》[4]等等那些工具书和知识书。这些都是我们所熟知的，没有需要特别提出研究的问题，这里就从略不谈了。

编者按：本文选自《张志公文集》第四册中《传统语文教育初探》一文中“作文训练”一节。

❶《切韵指掌图》：研究宋代实际语音的重要资料，本书的成书年代及其作者不详，大约为宋代。

❷《经传释词》：解释经传古籍中虚词的专著，清代王引之撰。

❸《诗韵合璧》：清代极为流行的韵书，系清代汤文璐采择前代各韵书之长编辑而成。

❹《佩文韵府》：类书，是清代官修大型辞藻典故辞典之一，专供文人作诗时选取辞藻和寻找典故，以便押韵对句之用的工具书。清张玉书、陈廷敬、李光地等七十六人奉敕编撰。

十三　谈文章之学

曹丕在《典论·论文》[1]里说过："文章经国之大业，不朽之盛事。"这句话可以概括我国历史上一向对文章的看法。虽然也有人说过"雕虫篆刻，壮夫不为"的话，但那是有所感而发。大多数人不把写文章看作"雕虫"小技，宁可愿意作个"寻章摘句老雕虫"。更为普遍的说法是"雕龙"（最早见于《史记》），刘勰[2]用以命名他的论文巨著——《文心雕龙》[3]。

如果说，在长期的封建社会里，知识分子就是靠写文章吃饭，靠写文章成名、做官，因而把写文章这件事看得十分重要，甚至过分重要，从而也产生了某些弊端；如果说，在封建社会里写文章是知识分子的

❶《典论·论文》：中国文学批评史上第一篇文学专论，三国时期文学专论，作者曹丕。《典论》是他在建安后期为魏太子时所撰的一部政治、社会、道德、文化论集。全书由多篇专文组成。《论文》是其中的一篇，《典论·论文》是魏文帝曹丕所写的二十篇文章之一，按照"子"书的形式写成，是曹丕关于国家大事一系列问题的论文总集。

❷刘勰（465–520）：南北朝时期著名的文学理论家，著有理论名著《文心雕龙》。

❸《文心雕龙》：中国文学理论批评史上第一部有严密体系的文学理论专著。全书共10卷，50篇（原分上、下部，各25篇），以孔子美学思想为基础，兼采道家，全面总结了齐梁时代以前的美学成果，细致地探索和论述了语言文学的审美本质及其创造、鉴赏的美学规律。

专门职业，是和农工商贾不相干的，甚至相对立的；那么，今天的情形大不相同了，写文章已经成为一件很普遍的事，是每个受过教育的人，不论是哪行哪业的，都得具备的一种能力。

可是写文章这件事也的确并不十分容易。在古代，十载寒窗之下并没有培养出多少“唐宋八大家”[1]来，写不通文章的比比皆是。在今天，从进小学到中学毕业，大学毕业，学了几千学时的语文课，作了无数次的作文，走上工作岗位之后，手还是不听使唤，工作里需要写个什么而写不好甚至写不成的，比例之大，相当可观。

我们不必像古人那样，把写文章重视到那种程度。文章不过是语言的书面形式，而语言是一种工具，一种很重要的工具，它不是我们追求的唯一的学问，它不是一切。写文章并没有什么玄妙，归根结底，文章不过是口头语言的书面化而已，虽然不是口头语言的简单的符号记录。然而，写文章这件事不应当忽视，因为干任何工作都离不了它，它和我们追求的学问和事业有十分密切的关系。写文章虽不玄妙，也不容易，要把文章写好，不经过刻苦学习和锻炼是办不到的。

一切客观事物，即使是同类事物，总是千差万别

❶ 唐宋八大家：唐宋时期八大散文作家的合称，即唐代的韩愈、柳宗元，宋代的苏洵、苏轼、苏辙、欧阳修、王安石、曾巩。唐宋文坛以他们的文学成就最高，流传最广，故称唐宋八大家。明初，朱右最初将韩愈、柳宗元、苏轼、苏洵、苏辙、欧阳修、王安石、曾巩八个作家的散文作品编选在一起刊行《八先生文集》，后唐顺之在《文编》一书中也选录了这八个唐宋作家的作品。明朝中叶古文家茅坤在前基础上加以整理和编选，取名《八大家文钞》，共160卷。“唐宋八大家”从此得名。

的；然而既是同类事物，在千差万别之中总有共同性的东西存在，否则就不成其为同类事物了。这共同性的东西就是我们常说的法则或者内在规律。那么，文章有没有法则或者规律呢？文章也是一种客观事物。照说，它应当和别的一切客观事物一样，有法则或者规律可寻。古今中外，人们不断地探讨文章之学。所谓文章之学，无非就是试图探求文章的法则或者规律而已。如果当真把文章的法则或者规律闹清楚，文章这东西就容易驾驭。

我国长期的封建社会里特别重视文章，因而文章之学也就特别发达。从两三千年之前，人们就开始讨论“文”与“质”的关系这类问题了；“辞”与“情”，“文”与“道”，“文章”与“义理”“考据”[1]，谈论了许多年，这都是文章之学的一些根本性的问题。什么“文心”“文则”“关键”“规范”“文镜”“通义”等等，历代有过许多专著，直到现代，还有“津梁”“例话”等不少专书。至于文论、文评之类，更可说是汗牛充栋了。

西方也同样重视文章之学。现在译作“语法”的希腊原文是 grammatiké，本义就是“文章作法”之类，比后来专门研究词形变化和造句法的“语法”要

[1] 考据：即“考证”。研究文献或历史问题时，根据资料来考核、证实和说明。

宽泛得多。与此先后同时有所谓“辩论术”“修辞学”，也和文章之学有密切的关系。咱们至今还在谈论着的所谓“记叙文”“描写文”“说明文”“议论文”各种文体的作法，原是来自西方的，他们至今也还在谈论这些。大体相当于咱们的文论那类东西，西方也有不少，也有以此见长的专家，也有若干专著。日本派来我国唐朝留学的僧人，把我国古代的文章之学带回去写成《文镜秘府论》[1]之后，也相继产生了不少论文的鸿篇巨制。

可见，文章之学，从古到今，从东到西，是带有普遍性的一门学问，许许多多学人孜孜不倦地致力于这门学问的探求。

然而，这是一门很复杂的学问，不是那么容易研究透彻的。

文章里有思想意识，知识见闻，生活经验，审美观点；它运用抽象思维，形象思维；它讲究方法技巧，语言艺术。它是多种因素的综合体。它有显著的时代性、民族性、社会性。正像在全世界很难找到面孔完全相同的两个人一样，也像从来没有发现走法完全相同的两盘棋一样，大概也找不出写法完全相同的两篇文章。对于这么复杂的一样东西，要找出其中的法则、

❶《文镜秘府论》：撰者是日本僧人遍照金刚（774–835），他生活在日本平安朝前期，对佛学以及文学、语言、书法、绘画均有研究，著作繁多。他于唐贞元二十年（804）至元和元年（806）在中国留学约3年，与中国僧徒、诗人有友好交往。本书是他归国后应当时日本人学习汉语和文学的要求，就带回的崔融《唐朝新定诗格》、王昌龄《诗格》、元兢《诗髓脑》、皎然《诗议》等书编纂而成，对中日文化交流作出了贡献。

规律来，显然不是一件容易事。然而人有人的共同性，棋有棋的共同性，文章也必然有文章的共同性。文章不是不可知的。探讨文章之学，我们的能力应当高于前人。如果说，一下子还不容易，或者不可能把它彻底搞透，至少，我们应当比前人更前进一步，向着搞透更逼进一步。

当然，局部的研究也许比较容易一点。我个人曾经倡议建立一门“汉语辞章学”，并且有机会在大学里试讲了一次。那可以说是文章之学的一个侧面吧。虽然从这一个侧面入手已经感到很不简单，但毕竟只是一个侧面——用英语来表述，我准备把它称作 the art of writing ; a linguistic approach（写作艺术；从语言学角度探索）。这个英语名称表明，是准备侧重从语言学的角度入手。

综合的研究会有它的难处，也很可能有它的方便处，研究的成果也很可能更有用一些，因为这样的研究符合文章是多种因素的综合体这个特点。

由 10 所高等院校的好多位同志集体商讨，分工执笔，并由张寿康[1]同志主编的这部《文章学概论》，是对于文章之学进行综合研究的成果。这是一项带有开创性的工作，又是对前人关于文章之学的探讨的总结

[1] 张寿康（1925–1991）：现代语言学家、语言教育家，主要著作有：《构词法和构形法》《文章学导论》《修辞写作丛谈》等。

性和现代化的工作，是一次很有意义的尝试，必将对文章的科学研究，对语文教育的发展产生积极的促进作用。

是为序。

本文是为张寿康主编的《文章学概论》写的序言，发表于北京市语言学会编的《语言知识丛刊》1983年第5期，写于1982年7月8日。

十四　词章学？修辞学？风格学？

在我们近年来的语言研究和语言教育工作之中，有一个比较薄弱的方面，那就是：探讨运用语言的技巧和效果等等这一路的问题。近来，大家开始注意到这个方面。这是十分可喜的现象。要研究这方面的问题，当然首先要确定研究的对象、范围、内容和方法，少不了也要定定名目，商量商量各个有关部门之间怎样“分工合作”等等。于是，关于“修辞学”“风格学”“文体学”“词章学”这些名称的讨论，被提到日程上来了。在目前阶段，讨论讨论这类问题是必要的。“名不正则言不顺”[1]。正正名，有助于明确研究的对象和内容，有利于研究工作的开展。这里就这个问题提

[1] “名不正则言不顺”：指名分不正或名实不符。出自《论语·子路》：“名不正，则言不顺；言不顺，则事不成。”

出一点极不成熟的看法，就教于从事语言研究和语言教育工作的同志们。

谈的虽然是名目，但是最好把名目暂且搁在一边，先看看在运用语言的技巧和效果等等这一路上有些什么需要研究的问题，这些问题宜于怎样排队归类才比较合理，比较便于研究，然后考虑各队各类各用什么名称比较恰当。可以先取好名字等着生小孩儿，更普通的情形是生下小孩儿来再取名字。本文想试着用后一种办法。

在运用语言的技巧和效果等等这方面，是不是有下边这样一些问题需要研究？

★ 语言里有些词语，在一般情形下可以附带表示使用者的某种感情。

A_1　语言里有些词语，在一般情形下可以附带表示使用者的某种感情。有些词语，本来具有这种色彩，可是采取某些特定的办法，可以使它具有另一种色彩；有些词语，本来没有这种性质，可是采取某些特定的办法，可以使它获得这种性质。比较：节俭——吝啬，勇敢——冒失；谨慎——谨小慎微，惊动——惊天动地；形式——形式主义，神气——神里神气。

A_2　有些词语，在一般情形下不附带任何色彩，可是用在特定的场合（现实环境或者上下文），会带上某种色彩。比较：平常说“水”——闹水灾的时候，看见河堤冲裂，喊“水！”——在沙漠里旅行，发现前面有条小溪流，喊“水！”又，回答“你在这里住了多久？”这个问题：“才七八年。”——“已经七八年了。”

A_3　有的词语，不同的变化形式，附有不同的色彩。比较：大眼睛——大大儿的眼睛，只说“大大地迈进了一步”，不说“大大儿地迈进了一步”。

A_4　有的词语，常用于某种场合，少用于另外的场合。例如：说“进行研究”“加以讨论”，不说“进行看”“加以吃”；公文里边说“请尽快回信为荷”，孩子请妈妈给买个小皮球，不说“请快点买来为荷”。

A_5　有某些场合，偶然不照语法的常规用词，能产生特殊的表达效果。例如：

是欲臣妾我也，是欲刘豫我也。❶

其次便是一同去放牛，但或者因为高等动物了的缘故吧，黄牛水牛都欺生，敢于欺侮我……❷

B_1　有的句子可以把两个成分倒过来说，跟顺着说的表达效果不同；可以想法把同一个成分说两遍，跟只说一遍不同。比较：我们马上就去。——我们去，马上就去。

B_2　有的句子可以略去一些成分不说，跟说全了的表达效果不同；把要说的意思合成一个简单的句子

❶ 出自《续资治通鉴》第一卷；《上宋高宗议除奸疏》。

❷ 出自鲁迅《社戏》。

或者分成比较复杂的句子，效果也不同。比较：他们不避困难和危险，一气爬上山顶。——他们不避困难，不怕危险。他们一气爬上山顶。

B_3　用不同的格式表达相同的意思，意味不同。比较：我说了他几句。——我把他说了几句。——他被我说了几句。

B_4　相连而意义相关的句子，用相同的结构，使之整齐，或者用不同的结构，使之参差[1]，表达效果不同。这就是平常说的骈散的问题，无需举例。

C_1　叙述事物，多用或者少用形容修饰的话，表达效果不同。

C_2　不把要说的意思直接说出来，用别的事物打比方。可以只用一句话打比方，可以整段是一个比方，也可以整篇是一个比方。这就是平常说的种种比喻，以及所谓讽喻、寓言等。运用这些方法能产生特定的表达效果。

C_3　歇后语、“顶针续麻”、回文、双关等等，利用汉语汉字的某些特点，能产生某种表达效果。

D_1　韵文和散文运用语言有不同的特点。

D_2　文艺作品和非文艺作品运用语言有不同的特点。

[1] 参差：（1）长短、高低不齐的样子。出处：《诗经·周南·关雎》：“参差荇菜，左右流之。”《汉书·扬雄传下》：“仲尼以来，国君将相卿士名臣参差不齐。”（2）差不多，相似。白居易《长恨歌》：“中有一人字太真，雪肤花貌参差是。”

D_3　科学作品和非科学作品运用语言有不同的特点。

D_4　公文的语言有某些特点。

E_1　不同的作家运用语言有某些不同的特点。

E_2　不同的民族运用语言有某些不同的特点。

E_3　不同的时代运用语言有某些不同的特点。

E_4　不同的阶级运用语言有某些不同的特点。

E_5　怎样运用语言才能达到准确、鲜明、生动的要求。

上边列出的这些问题远不是全面的，需要研究的问题还很多。姑且[1]拿这些问题来试试吧。

这些问题需要研究，想来不大会有异议。不同的意见在于，这些问题各该归哪些科学部门研究。可以讨论的有两个方面：

（一）上列 A 类问题显然跟词汇学有瓜葛[2]；A、B 两类问题显然都跟语法学有瓜葛；A、B、C、D、E 各类问题显然都或多或少地跟文艺学有瓜葛。那么，这些问题是应该分别并合在词汇学、语法学、文艺学里去研究呢，还是应该由独立的科学部门来研究？

（二）假定应该并合，那么，怎么并合法？哪些问题应该并入哪些科学部门？假定应该有独立的科学部

[1] 姑且：用在动词前面，表示动作暂且如此，带有暂作某种让步的意思，或说明在不得已情况下，只好这样，相当于“暂且”“先”。

[2] 瓜葛：原指纠缠、纠纷，现比喻辗转相连的亲戚关系或社会关系，也泛指两件事情互相牵连的关系。

门来研究，那么，该有多少部门？一个？两个？还是更多个？

先谈第一个问题。

确定这些问题该不该分别并入词汇学、语法学、文艺学的研究范围，需要从两方面看。第一，词汇学、语法学、文艺学那些部门能不能把上列这些问题都包下来。包得下来，合伙何尝不好？包不下来，那就只好另立门户。第二，上列这些问题，够不够自立门户，就是说，它们有没有一定的规律性，是否可以构成一定的系统，研究起来能不能解决一定的实际问题。

照我的粗浅的看法，上列这些问题，别的几个有关的科学部门恐怕包不下来。拿 A 类问题来说，像 A_2，词汇学和语法学都不大好谈；A_5 是语法问题，可是语法书里谈这类问题怕也不大方便。再如 D 类，文艺作品的语言运用问题，文艺学应该研究，可是非文艺作品的语言运用问题，文艺学就管不着。看来有另立门户的必要。立不立得起来呢？立得起来。语言是交际工具。任何一种工具，不但制造的方法有规律性，怎样使用也是有规律性的，是有整套的操作程序的，掌握了这些规律和程序，就能解决一定的实际问题。从事实上看，也确实立得起来。中外古今有过“修辞

★ 语言是交际工具。任何一种工具，不但制造的方法有规律性，怎样使用也是有规律性的，是有整套的操作程序的，掌握了这些规律和程序，就能解决一定的实际问题。

学”“风格学”等等，这些事实就是证明。

另立门户，并不意味着井水不犯河水。为特定对象和特定目的编写的语法书，如果适当包括 A、B 两类问题中可以包括的部分，不仅是可能的，甚至是必要的。反之，以研究 A、B 两类问题为主的部门，也不能不以词汇学和语法学为基础。研究 A、B 两类问题的部门跟词汇学和语法学，既有区别，又有联系。有区别，因为它们研究的内容、目的、所解决的问题、所用的方法，都有所不同；有联系，因为它们处理的材料是一个：语言里的词语和句子。各类问题跟文艺学的关系也大致如此。

★ 五类问题有一个很显著的共同性，那就是，都属于语言运用的问题——语言运用的技巧和语言运用的效果。

第二个问题比较麻烦些。既然要另立门户，怎么立法呢？是立一户，还是立几户？是立一个集体户，再分别立几个小户，还是干脆就分立几小户？

我想，可以，也需要立个集体户。就是说，应该有一门科学，全面地研究从 A 到 E 这五类问题。因为：

（一）五类问题有一个很显著的共同性，那就是，都属于语言运用的问题——语言运用的技巧和语言运用的效果。既然是语言运用的问题，那么，运用离不开人，因此这五类问题又都与人有关。它们都有一些

规律，可是那规律不像语法那么抽象，不能列出像数学公式一样的东西。它们具有显著的时代性、社会性，乃至阶级性。李肇[1]《唐国史补》[2]说：

> 元和已后，为文笔，则学奇诡于韩愈，学苦涩于樊宗师。歌行则学流荡于张籍。诗章则学矫激于孟郊，学浅切于白居易。学淫靡于元稹。俱名为元和体。大抵天宝之风尚党，大历之风尚浮，贞元之风尚荡，元和之风尚怪也。

姑无论他的论断是否完全恰当，这段话总说明了一个问题：运用语言，一时有一时的风尚。离开时代精神去谈语言运用，在若干问题上是谈不通的。同时，语言的运用，不仅是语言本身的对错好坏问题，而且具有很大的社会意义。罗大经[3]批评白居易晚年那些颓废作品的话是很有见地的。他说：

> 白乐天对酒诗曰：“蜗牛角上争何事，石火光中寄此身，随富随贫且欢喜，不开口笑是痴人。”又曰：“百岁无多时壮健，一春能几日晴明。相逢且莫推辞醉，听唱阳关第四声。”又曰：“昨日低眉问疾来，今朝收泪吊人回，眼前见例君看取，且遣琵琶送一杯。”自诗家言之，可谓流丽旷达，词旨俱美矣。然读之者，将必起其颓惰废放之意，而汲汲于此快乐。惜流光，则人之职分，与夫古之所谓三不朽者，将何时而可为哉！……[4]

[1] 李肇：唐朝人，生卒年均不详，著有《翰林志》一卷，《国史补》三卷。

[2]《唐国史补》：中唐人李肇所撰，是一部记载唐代开元至长庆之间一百年事，涉及当时的社会风气、朝野轶事及典章制度各个方面等的重要轶事小说，对于全面了解唐代社会具有极其重要且十分特殊的功用和价值，仅《太平广记》征引其内容即达133处之多。

[3] 罗大经（1196–1252）：南宋吉水人。著有《易解》十卷。取杜甫《赠虞十五司马》诗“爽气金无豁，精淡玉露繁”之意写成笔记《鹤林玉露》一书。此书对南宋偏安江左深为不满，对秦桧乞和误国多有抨击，对百姓疾苦表示同情，其中有不少记载，可与史乘参证，补缺订误。

[4] 出自《鹤林玉露》第三卷。

更突出的一个例子是太平天国时候下过的一道《戒浮文巧言谕》[1]：

> 照得文以纪实，浮文所在必删；言贵从心，巧言由来当禁。……现当开国之际，一应奏章文谕，尤属政治所关，更当朴实明晓，不得稍有激刺，挑唆反间，故令人惊奇危惧之笔。且具本章，不得用龙德、龙颜及百灵承运、社稷、宗庙等妖魔字样。至祝寿浮词，如鹤算、龟年、岳降、嵩生及三生有幸字样，尤属不伦，且涉妄诞。推原其故，盖由文墨之士，或少年气盛，喜骋雄谈，或新进恃才，欲夸学富。甚至舞文弄墨，一语也而抑扬其词，则低昂遂判。一事也而参差其说，则曲直难分。倘或听之不聪，即将贻误非浅。可见用浮文者不惟无益于事，而且有害于事也。……嗣后本章禀奏，以及文移书启，总须切实明透，使人一目了然，才合天情，才符真道。……[2]

这个文告涉及的方面很广，从词语的运用直到整个公文书的写作要求，都有关系，就是说，涉及全部的语言运用问题。而从文告的精神可以看出来，反对封建统治的起义者对于运用语言的要求，与封建统治阶级有多么大的区别。

（二）五类问题相互间有非常密切的联系。A、B两类问题关系很近，这是十分明显的。其实，就连D、

[1] 出自《洪仁玕选集》，该文是由洪仁玕起草的太平天国的一篇文告，1861年洪仁玕、蒙时雍、李春发三人联名发布。文章根据太平天国“开国之际”的政治需要和洪秀全的意见，提出了改革文风的主张：“文以纪实，浮文所在必删；言贵从心，巧言由来当禁”，并具体规定了奏章文谕要“朴实明晓”的写作原则以及一些禁用的字样。

[2] 出自罗尔纲编著《太平天国文选》（上海人民出版社1957年），第99页。

E之类的问题，与A、B两类问题也是密切相关的。比如，文学作品与非文学作品运用语言各有特点，这特点从哪里表现出来呢？一个重要方面是遣词造句有些不同。又比如，甲作家与乙作家运用语言各有特点，表现这特点的一个方面也在遣词造句。明人王文禄[1]评论陶诗和杜诗说：

> 魏晋以来诗多矣，独称陶诗。陶辞过淡，不及曹刘之雄，谢江之丽，然多寓怀之作，故诵者慨然有尘外之思。唐以诗取士，诗盛矣，独称杜诗。杜调太重，不及陈李之逸，王骆之华，然多述怀之作，故诵者恻然有由中之感。[2]

所谓“淡”和“重”，所谓“雄”“丽”“逸”“华”，从哪里表现出来？重要的方面之一显然是遣词造句。研究作家运用语言的特点，不能不研究他遣词造句的特点，也就不能不研究遣词造句在形成语言特点上有些什么作用。反过来，研究遣词造句的问题，又不能不落实到不同的作品上和时代、社会以及作家上，因为，前边说过，运用语言的规律不是那么抽象的东西，它与时代、社会、作家，作品有密切的关系。

（三）从实用的角度考虑，或者说，从语言教育的需要考虑，全面地探讨五类问题，是有很大方便的。

[1] 王文禄：字世廉，号沂阳生。明代海盐（今属浙江省）人。嘉靖时举人，为著名学者。学识渊博，重视养生，编著有丛书《百陵学山》。

[2] 出自《文脉》第二卷。

因为在实际运用语言的时候，决不是孤立地一时考虑遣词造句的规律，一时考虑作品的特点，而是综合地应用各个有关方面的原则、规律、方法、技巧的。当然，科学研究和教育工作不是一回事，二者不能混同起来，然而中间又确乎有密切的联系，也不容彻底割裂。研究语言运用的种种问题，应该有它的实用目的，不能是为研究而研究。

如果上述这些理由可以成立，那么，这全面研究五类问题的科学是不是可以称之为“词章学”呢？

既然立了集体户，还要不要再分立几个小户？我看要的。科学研究，需要适当细致的分工。分工细致才能研究得深入。从 A 到 E 五类问题，尽管有密切的联系，毕竟还各有特定的内容。其实，不仅五类问题之间是这样，就是一类问题之内的几个方面，又何尝不然。陈善[1]《扪虱新语》[2]里有一段话，说得很有意思：

> 韩以文为诗，杜以诗为文，世传以为戏。然文中要自有诗，诗中要自有文，亦相生法也。文中有诗，则句语精确；诗中有文，则词调流畅。谢元晖曰：“好诗圆美流畅如弹丸。”此所谓诗中有文也。唐子西曰：“古人虽不用偶俪，而散句之中暗有声调，步骤驰骋，亦有节奏。”此所谓文中有诗也。

[1] 陈善：生卒均不详，约宋高宗绍兴中前后在世。生平事迹不详。有《扪虱新语》十五卷，《四库总目》传于世。

[2]《扪虱新语》：也作《扪虱新话》，初名《窗间纪闻》，是笔记作品集。此书兼涉经史子集，可从中窥见当时学术思想、流派等相关问题，其史料价值不容忽视。

诗与文不是绝对对立的，而是“相生”的，诗中可以有文，文中可以有诗；然而诗毕竟是诗，文毕竟是文，陈善只是说诗文可以“相生”，不是说诗即是文，文即是诗。诗也罢，文也罢，都是文学作品，都是语言的艺术，因此可以合起来研究；可是诗自有诗的格律，文自有文的法则，又可以分开来探讨。五类问题也是这样。

那么分立几个小户呢？恐怕两个总是要分的。A、B、C 三类是一般的语言运用的方法和技巧问题，侧重在分析的研究，可以作为一个部门；D、E 两类是特定的作品形式和作家运用语言的特点，也包括我们对运用语言的总的看法和要求，侧重在综合的研究，可以另作一个部门。

如果这个分法可以考虑，那么研究 A、B、C 三类问题的也许可以沿用“修辞学”这个名称，研究 D、E 两类问题的，也许可以叫作“风格学”。

可以不可以再分呢？可能性当然有的。比如，C 类也许可以单独研究，过去的所谓“修辞学”就是以研究这类问题为主要内容的。D 类也可以单独研究。在历史上，从陆机[1] 写《文赋》[2] 到姚鼐[3] 编选《古文辞类纂》[4]，前人在文体问题上是作过不少分析研究工作

❶ 陆机（261–303）：西晋文学家、书法家，代表作有《辨亡论》《平复帖》。

❷《文赋》：中国最早系统地探讨文学创作问题的论著，全文以赋的形式写成。陆机在《文赋》中用他的文学实践的亲身体会，生动地描述和分析了创作的心理特征和过程，表达了他的美学美育思想。

❸ 姚鼐（1731–1815）：清代著名散文家，与方苞、刘大櫆并称为“桐城三祖”。著有《惜抱轩全集》等，曾编选《古文辞类纂》。

❹《古文辞类纂》：清代姚鼐编的各类文章总集。全书七十五卷，选录战国至清代的古文，依文体分为论辨、序跋、奏议、书说、赠序、诏令、传状、碑志、杂记、箴铭、颂赞、辞赋、哀祭等十三类。

的。研究文体问题，各种体裁运用语言的特点——文体风格，应该是主要的内容，所以跟 E 类问题是相通的；不过，也还包括文体的流传演变、文体的应用等等不属于风格范围的问题，所以跟 E 类也有不合之处。

科学研究，往往是越分越细的。在词章学（这里只好就用一下这个综合的名目了）这个方面，我们现有的基础还比较薄弱。在这样一个基础上，也许可以先分得粗一点，作下去试试看，先把一些密切相关的问题作些综合的考察，得出一些初步的成果之后，再根据实际情况看看哪一部分还需要分出来单独进行研究。这样，也许比一上来就分得太细，把研究的面划得太窄，把力量分得太散好一些。

★ 讨论讨论名目，划划范围，分分工，在目前来说是必要的。

讨论讨论名目，划划范围，分分工，在目前来说是必要的。但是，我觉得，在这上面花费的力气不宜太多。要紧的事情是赶快动起手来，研究实际的问题。我想，要是把实际问题研究出个眉目来，比如说，在遣词造句方面能够提出些有助于运用语言的规律，可是名目取得不大妥帖，放的地方不大稳当，也总比取了个好名目，放在个合适的地方，可是还没有具体内容，要好得多。为了语言教育工作的需要，真得向语言科学工作者提出个呼吁：赶紧编出几本书来——

叫“词章学”也好，“修辞学”也好，“文体学”也好，“风格学”也好，或者别的什么学也好，总之，给解决一些运用语言的实际问题！

编者按：这篇文章原载于《中国语文》1961 年 8 月号。

十五　谈“辞章之学”

古人说的“辞章”或者“词章”，就是文章；“辞章之学”，就是文章之学。

★ 古人说的“辞章”或者“词章”，就是文章。

“文”“辞”“文辞”“文章”“辞章”，这些字眼，古人常常交互使用。在古人的笔下，这几个字眼有时候有些区别，比如用“文”或者“文章”指写成的作品，用“辞”“文辞”或者“辞章”指写作的方法和技巧；也有时候没有区别，既用它们指作品，也用它们指方法技巧。有一点是相同的：古人大都用这些字眼指作品的语言和语言的运用，也就是指作品的形式方面，而用“道”“理”“义理”“情”“志”等等指作品的内容方面，并且常常把这两个方面对立起来讲，探讨形式与内容的相互关系。例如：

> 学问之事有三端焉：曰义理也，考证也，文章也。
>
> （姚鼐《述庵文钞序》）

> 学问成家，则发挥而为文辞，证实而为考据。比如人身，学问其神智也，文辞其肌肤也，考据其骸骨也，三者备而后谓之著述。
>
> （章学诚❶《文史通义诗话》）

> 《易》称修词，《诗》称词辑。《论语》称为命至于讨论修饰而犹未已，是岂圣人之溺于词章哉？盖以为无形者道也，形于言谓之文；既已谓之文矣，必使天下人矜尚悦绎而道始大明。若言之不工，使人听而思卧，则文不足以明道，而适足以蔽道。
>
> （袁枚❷《虞东先生文集序》）

古人在这个问题上有种种说法，有许多争论。但是总的看来，从孔子起直到清末，历代重要学者和作家大致有一个出入不大的看法，那就是：“道”或“义理”是根本的，主要的，然而“道”或“义理”必须借“文”或“辞章”表达出来，因此，“文”和“道”不可分割，“文”或“辞章”十分重要，不容忽视。这种看法，我们认为是正确的。所以，历来的学者和作家都很重视辞章，不少人在辞章问题上发表过意见，

❶ 章学诚（1738–1801）：清代史学家、文学家，所著《文史通义》共9卷，是清中叶著名的学术理论著作。

❷ 袁枚（1716–1797）：清代诗人、散文家，代表作有《小仓山房诗文集》《随园诗话》《随园随笔》等。

后来逐渐有“辞章之学”的说法。例如：

> 王梦楼（文治）尝言：词章之学，见之易尽，搜之无穷。今聪明才学之士，往往薄视诗文，遁而穷经注史，不知彼所能者，皆词章之皮面耳。未吸神髓，故易于决合。如果深造有得，必愁日短心长，孜孜不及，焉有余力旁求考据乎！
>
> （梁章钜《退庵论文》）

那么，所谓辞章之学，到底包含些什么内容呢？

古人从来没给“辞章之学”下过定义，也没有一本专谈辞章之学的论著。传统的所谓辞章之学这个概念，从前人所谈的有关辞章的各种具体问题来看，包括的范围相当广泛。可以说，凡是写作（作诗和作文）中的语言运用问题，无论是关乎语法修辞的，关乎语音声律的，还是关乎体裁风格的，都属于辞章之学。就中谈得最多，在写作实践中最注意的，是炼字炼句的工夫，再就是所谓文章的“体性”。

古人研究炼字炼句和文章体性，并且在实践中培养这些方面的技能，他们的看法和作法有显著的缺点，也有可贵的、值得我们参考借鉴的经验。

缺点主要表现在三方面。一是有形式主义的毛病，往往脱离文章的内容去追求文辞技巧；一是有时失之于繁琐支离[1]，不是把写作之事讲得高深莫测，就是理

[1] 支离：意指分散、离奇不正或残弱不堪的样子。

解得庸俗浅陋，近于文字游戏；一是科学性差，不是东鳞西爪[1]，不成系统，就是讲得玄虚[2]奥妙，令人难于捉摸。

然而，只要我们善于辨认那些缺点，善于剔除糟粕，在大量的材料之中，精华是很多的，可资借鉴的经验是十分丰富的。不说别的，古人特别重视炼字炼句和文章的体性，这一点就很值得重视。炼字炼句是掌握语言的根基，是语法修辞之学和语音声律之学的综合运用；所谓文章的体性，无非是表达效果的集中表现。注意这两个方面，可以说是抓住了运用语言的关键。

作诗作文必须讲究用字，这是古今中外的共同经验。由于汉语在语法方面的形态变化少，由于汉字是单个的表意文字，在表情达意之中，用字受到的约束少，而灵活性很大。这样，用汉语汉文来写作，字的选择配合就显得特别重要。一方面，表情达意主要就靠字的选择配合，语法性质的辅助手段不多，所以只要字选得对，配合得好，就能清楚地表达思想感情，反之就不能；另一方面，用字可以选择的余地大，特别容易在这上边见出工拙高下，也就是见出表达效果的不同。由此可见，古人重视用字，并且把“用”字

❶ 东鳞西爪：原指画龙时龙体被云遮住，只是东边画一片龙鳞，西边露一只龙爪，不见龙的全身。比喻零星片断的事物。

❷ 玄虚：形容神秘莫测，使人摸不透。

说成“炼”字，就是说不仅要求用得对，还要求用得好，用得精，这是符合汉语汉文的特点的。下边引几则讲究炼字的话为例，看看所谓炼字，指些什么。

诗句以一字为工，自然颖异不凡。……浩然云：“微云淡河汉，疏雨滴梧桐。”上句之工在一“淡”字，下句之工在一“滴”字。

（《苕溪渔隐丛话后集》[1]）

李太白诗：“吴姬压酒唤客尝”，见新酒初熟，江南风物之美，工在“压”字。老杜《画马》诗：“戏拈秃笔扫骅骝”，初无意于画，偶然天成，工在“拈”字。

（《诗人玉屑》[2]引）

作诗在于炼字，如老杜“飞星过水白，落月动沙虚，是炼中间一字；“地坼江帆隐，天清木叶闻”，是炼末后一字；《酬李都督早春诗》云：“红入桃花嫩，青归柳叶新”，若非“入”与“归”二字，则与儿童之诗何异。

（《同上》）

庾子山文：“落花与芝盖齐飞，杨柳共春旗一色”，若删去“与”“共”两字，便成俗响。

（孔广森[3]《与朱沧湄书》）

柳宗元《送薛存义之任序》：“凡民之食于土者，出其什一佣乎吏，使司平于我也。今受其直，

❶《苕溪渔隐丛话》：南宋胡仔撰诗话集，共一百卷，五十余万字。

❷《诗人玉屑》：诗话集，南宋魏庆之著。《诗人玉屑》集诸家论诗之成，其排比大致有序，可以当作宋以前的中国诗歌史资料来看，从中可获得关于我国诗歌发展的轮廓和许多关于诗歌体裁的知识。

❸ 孔广森（1753–1787）：清朝学者，孔子七十代孙。尤精《公羊春秋》，多独到之见。

怠其事者，天下皆然。岂惟怠之，又从而盗之。向使佣一夫于家，受若直，怠若事，又盗若货器，则必甚怒而黜罚之矣。以今天下多类此，而民莫敢肆其怒与黜罚者何故？势不同也。势不同而理同，如吾民何！有达于理者，得不恐而畏乎！”吕祖谦在“佣”字“盗”字旁批“下的当”，在“达”字旁批“下得好”。

（《古文关键》[1]）

从这几个例子可以看出来，所谓炼字，就是选用最恰当的字。选用的时候，是从意义是否确切、色彩是否鲜明、声音是否和谐各方面考虑的，是从能否引起想象，加深理解，也就是收到较好的表达效果考虑的。

字总是用在句子里，重视炼字，相应地就必然重视炼句。炼句，就是着重考虑字在句子里的配合，安排。

淮海小词云：“杜鹃声里斜阳暮。”东坡曰：“此词高妙，但既云‘斜阳’，又云‘暮’，则重出也。”

（《诗人玉屑》引）

《新唐书·张巡传》：“睢阳、雍丘，赐徭税三年。”王若虚以为此句用字不稳，说：“‘赐’字便当得‘蠲免’之字乎？”

（见《滹南遗老集·诸史辨惑》[2]）

[1]《古文关键》：南宋吕祖谦于孝宗乾道、淳熙年间(1173–1174)为门人学子学习科考之文而编选并点评的文章选本，其出发点是示人门径，便于科举。《古文关键》一出，便博得了广大士子的喜爱和文坛的推崇。

[2]《滹南遗老集》：又名《慵夫集》《滹南辨惑》等，金朝藁城大文人王若虚的著作。

下字有倒用语格力胜者，如："吉日兮，良辰！""必我也，为汉患者。"

（《修辞鉴衡》[1]引）

老杜云："红稻啄残鹦鹉粒，碧梧栖老凤凰枝。"舒王云："缲成白雪桑重绿，割尽黄云稻正青。"郑谷云："林下听经秋苑鹿，江边扫叶夕阳僧。"以事不错综，则不成文章。若平直叙之，则曰"鹦鹉啄残红稻粒，凤凰栖老碧梧枝"，以"红稻"于上，以"凤凰"于下者，错综之也。言"缲成"则知"白雪"为丝，言"割尽"则知"黄云"为麦也。

（《诗人玉屑》引）

辞以意为主，故辞有缓有急，有轻有重，皆生乎意也。韩宣子曰："吾贱之为丈夫也。"则其辞缓。景春曰："公孙衍、张仪，岂不诚大丈夫哉！"则其辞急。狼瞫"于是乎君子"，则其辞轻。子谓子贱"君子哉，若人！"则其辞重。

（《文则》[2]）

近世诗人惟杜子美最得诗人之体，如"国破山河在，城春草木深，感时花溅泪，恨别鸟惊心"。"山河在"，明无余物矣；"草木深"，明无人矣；花鸟平时可娱之物，见之而泣，闻之而恐，则时可知矣。

（《诗人玉屑》引）

[1]《修辞鉴衡》：诗文评辑集，元代王构编。王构（1245–1310），曾任翰林国史院编修。此书是他任济南总管时为授学门生而编。

[2]《文则》：中国最早的修辞学专著，作者为宋代学者陈骙（1128–1203）。

从这几个例子看来，所谓炼句，最基本的要求是字与字配合恰当，句子不残缺，不重复，进一步要求安排组织有变化，以增强表达效果，更进一步要求表现出轻重缓急等种种语气神情，乃至有深厚的含蓄，高远的意境。

炼字炼句这种工夫，现代的优秀作家都很重视。像鲁迅先生的杂文，可以说没有一个字，没有一句话不是经过锤炼得来的。古今写作的目的不同，用的语言不尽相同，然而运用语言的道理是相通的。

以炼字炼句为基础，进而考究比喻、夸饰的运用，篇章的结构组织，终于表现为文章的“体性”[1]。刘勰把体性分为八类：典雅、远奥、精约、显附、繁缛、壮丽、新奇、轻靡。刘勰以后，谈论体性的很多，说法有种种，争论也很多。概括言之，无非说的文章的风格。对于文章的风格，古人非常重视，在这方面有许多精到的见解，有不少来自写作实践的经验。但是也有很多谈得空洞玄虚、不切实际的地方。刘勰是讲得比较好的，他说：

> 典雅者，熔式经诰、方轨儒门者也。远奥者，馥采典文、经理元宗者也。精约者，核字省句，剖析毫厘者也。显附者，辞直义畅、切理厌心者也。

[1] 体性：指实体，即事物之实质为体，而体之不变易称为性，故体即性。

繁缛者，博喻酿采、炜烨枝派者也。壮丽者，高论宏裁、卓烁异采者也。新奇者，摈古竞今、危侧趣诡者也。轻靡者，浮文弱植、缥缈附俗者也。故雅与奇反，奥与显殊，繁与约舛，壮与轻乖。文辞根叶，苑囿其中矣。

（《文心雕龙·体性》）[1]

此外，清人刘海峰[2]论文有八贵，其中有几项说得也还切实：

文贵高。穷理则识高，立志则骨高，好古则调高。

文贵大。道理博大，气脉洪大，丘壑远大。丘壑中必峰峦高大，波澜阔大，乃可谓之远大。

文贵远。远必含蓄。或句上有句，或句下有句，或句中有句，或句外有句，说出者少，不说出者多，乃可谓远。……昔人谓意尽而言止者，天下之至言也；然言止而意不尽者，尤佳。

文贵简。凡文笔老则简，意真则简，辞切则简，理当则简，味淡则简，气蕴则简，品贵则简，神远而含藏不尽则简。故简为文章尽境。

文贵去陈言。……文字是日新之物，若陈陈相因，安得不日为臭腐。原本古人意义，到行文时却须重加铸造。

又，清人方植之[3]论诗文之法，引朱熹论文所忌，凡 14 项，也有可参考。14 项是：

[1]《文心雕龙·体性》：出自《文心雕龙》第二十七篇，是刘勰风格论的主要内容。从作品风格（“体”）和作者性格（“性”）的关系来论述文学作品的风格特色。

[2] 刘大櫆（1698—1780）：号海峰，清代文学家，桐城派代表人物。代表作有《刘海峰诗文集》《论文偶记》等。

[3] 方植之（1772—1851）：清代文人，著有《汉学商兑》《病榻罪言》《仪卫轩文集》等。

意凡思缓	软弱	没紧要
不仔细	辞意一直无余	浮浅
不稳	絮	巧
昧晦	不足	轻
冗	薄	

过去评论诗文的得失，往往就从诸如此类的一些正面的要求和反面的避忌着眼。那些评论，有些成为陈词滥调，搔不到痒处，有些则确能指出文章的特点，引起人揣摩思考，帮助人理解体会。

辞章之学的内容，远不止上边说的这些。这里只是择要介绍几点。就从这个极粗的轮廓来看，所谓辞章之学，可以说是一门富于民族特点的探讨语言艺术的学问。它包含我们现在一般理解的“修辞学”的内容，但是比“修辞学”的范围广，综合性大，更符合我国语言文字的特点和运用语言的传统经验。前人在这方面留下来的材料很多，精华与糟粕杂糅，有待我们去爬梳整理，分析研究。如果我们能把这部分遗产理出个头绪来，把前人的可取的经验好好总结一下，跟现代的语言科学结合起来，那对我们提高运用语言的能力将会有不少的帮助。

★ 所谓辞章之学，可以说是一门富于民族特点的探讨语言艺术的学问。

从新闻工作的角度来看，涉猎一下辞章之学是很有益处的。

首先，新闻工作者运用语言，最贵犀利。新闻写作为了及时，必须快；为了适应报刊的特点，必须简练；为了起到应有的宣传鼓动作用，必须富于神采。这就要求具备一定的炼字炼句的工夫，作到字字得当，句句精到，箭无虚发，迅捷而准确。进而锻炼笔力，做到当精约者精约，当显附者显附；要平直就平直，要含蓄就含蓄；委婉恳切，冷嘲热讽，各随其宜。涉猎一下辞章之学，对于培养锻炼这些能力，有很大的帮助。

★ 接触一下这些有关辞章之学的知识和言论，对于培养语言的敏感很有益处。

其次，新闻工作者特别需要对语言的敏感。从事新闻编辑工作的人对于语言，应当像水手对于海上的风云、猎人对于鸟兽的声音那样灵敏。有了这种敏感，在匆忙而繁重的选编加工工作中，才能作到迅速而准确。现代修辞学的书对于语言的运用提供一些必要的知识；前人评论诗文，有些作得精到的，往往能一针见血地揭示出用词造句、布局谋篇的得失，恰如其分地指点出文章蕴藏含蓄的深浅，情调意境的高低。接触一下这些有关辞章之学的知识和言论，对于培养语言的敏感很有益处，因为都能提供我们一些怎样鉴别语言，怎样玩味作品的方法和经验。

目前还没有一本关于辞章之学的专门论著。近

几十年来出版的几种比较重要的修辞学的书，如杨树达[1]先生的《中国修辞学》、陈望道[2]先生的《修辞学发凡》等，对于我们进一步研究辞章之学有帮助，可以阅读。古代有少数几种书，谈到这方面的问题比较多些，例如刘勰的《文心雕龙》，王构的《修辞鉴衡》，章学诚的《文史通义》，等等，可以参考。除此以外，古代有关辞章之学的材料，大致散见于四类书籍之中。一是历代学者、作家的学术论著或文集，里边有些论文、书札或杂记间或谈到这方面的问题；一是历代的笔记小说，也有些谈诗论文的材料；一是历代的“诗话”“词话”；一是宋元以来的诗文选本和专集评注本，其中的评、批，很多是谈论辞章问题的。前三类范围太广，涉猎为难，过去有过些辑录汇编的书，多少可以提供一些便利，例如《诗人玉屑》（有中华书局新印本）、《诗话总龟》（有《四部丛刊》本）、《历代诗话》《清诗话》《词林纪事》《文学津梁》等。第四类数量也很多，比较通行的如《古文观止》《唐诗三百首》《读杜心解》（都有中华书局新印本）等。总之，要涉猎辞章之学，在目前还需要付出一些劳动，作一些搜讨披拣的工夫。

编者按：本文原载于《新闻业务》1962 年第 2 期。

[1] 杨树达（1885–1956）：现代语言文字学家，著有《汉书补注补正》《词诠》《中国修辞学》等。

[2] 陈望道（1891–1977）：现代修辞学家、语言学家，担任过旷世巨著《辞海》总主编，撰写有《漫谈“马氏文通”》和《修辞学发凡》等专著。

十六　谈作文教学的几个问题

培养什么样的写作能力

★ 讨论中学的作文教学，首先要明确中学语文教学应当培养学生具备什么样的写作能力。

讨论中学的作文教学，首先要明确中学语文教学应当培养学生具备什么样的写作能力。

中学毕业生有相当大的一部分要走上工作岗位，去参加工业、农业、文化教育等社会主义建设事业。他们在工作和生活中时常需要动手写点什么，比如写个工作报告、经验介绍，以及读书心得、信札日记等。他们天天要用笔作为工作和生活的工具。那么，中学的语文教学就应当培养学生具备日后在工作和生活中动笔的能力。中学毕业生还有一部分要升入高等学校去学习专门的科学技术。在学习中，他们更是常常要动笔——写写读书日记，写写实验报告，写写论文等等。那么，中学的语文教学就应当培养学生具备进一步学习专门知识的时候所需要的一般写作能力。

总起来说，中学语文教学所要培养的，是一个青年在工作、学习和生活中必须具备的一般的写作能力，也就是内容准确、文从字顺、条理清楚、明晰确切，能够如实地表达自己的有用的知识、见闻、健康的思想感情的能力，而不是专门从事写作的文学家的文艺创作能力，虽然也不应当排斥少数中学毕业生日后从事文艺创作活动的可能性，并且应当注意发现具有这方面才能的学生，给予必要的指导。

解决什么问题

要培养上述那样的写作能力，需要解决几个什么问题呢？我们知道，无论写什么文章，要写得好，先决的条件是具有正确的思想认识，丰富的生活经验、知识见闻，相当的思维能力。在学校里向学生进行思想政治教育、劳动教育、道德品质教育、各科知识教

★ 无论写什么文章，要写得好，先决的条件是具有正确的思想认识，丰富的生活经验、知识见闻，相当的思维能力。

育、思维的训练，都与培养学生的写作能力有关。决不能把一个人的写作能力，从思想修养、经验学识之中孤立出来；那么，也就决不能把作文教学从各方面的教育之中孤立出来。不过，思想修养、经验学识、思维训练等等并不能代替写作能力，各方面的教育也不能代替作文教学。作文教学必须在与各方面的教育密切结合的前提之下，解决与写作能力直接有关的若干特定的问题。在这些问题之中，我认为有三个是最关紧要的。

★ 一是怕作文，至少是不爱作文；一是写文章马虎草率、不严肃、不细心。

首先是态度和习惯问题。在写作这件事情上，不少中学生有两种不好的态度和习惯。一是怕作文，至少是不爱作文；一是写文章马虎草率、不严肃、不细心。

为什么会有这样的态度和习惯呢？应当到教学工作中探查原因。“作文太难，不知道写什么，也不知道怎样写。”这是很多中学生常常说的话。这个话值得重视。我觉得命题作文这个办法之中大有值得研究的问题，批改作文的办法也很值得推敲。老师出的题目叫学生没话说，或者不知从何说起，憋了半天，好容易憋出一篇来，又让老师画了大堆的红杠子，批了些“不简洁”“不生动”“中心不突出”之类的评语。这一次是这样，下一次还是这样，总摸不到什么门道。这样下去，学生对作文哪能不怕！我以为，在作文这件事情上，教师万万不能做“难服侍的婆婆”，也不能老做“医生”，而是要做“园丁”。他不光注意到剪莠除草，更注意到按时施肥浇水，帮助幼苗迅速地发育成长。只有这样，学生对作文才会不怕，才会喜欢。“作文永远得不了100分，也不至于不及格。”这是中学生常说的另一句话。我觉得这句话也很值得分析。这句话反映出，在作文这件事情上，我们缺少明确的尺度，要求也不严格。如果有明确的尺度，并且严格地运用它，那就可以有100分，也一定有不及格。“100分”并不意味着尽善尽美了，到头了，只是意味着，写到这个样子，已经符合这个阶段所定尺度的最高一头的要求。“不及格”也不意味着一无是处，只是意味着，这样还达不到这个阶段所定尺度的最低一头的要求。有了明确的尺度，而且严格地运用它，学生才会严肃认真地对待作文，改变马虎潦草的态度和习惯。

★ 有了明确的尺度，而且严格地运用它，学生才会严肃认真地对待作文，改变马虎潦草的态度和习惯。

第二是思路问题。今天的青少年，思想原是非常活跃的。我们这些中年老年的人回想一下自己小时候的情况，就更会感到今天的孩子们是多么生气蓬勃、敏捷机智，比自己小时候真不知高明几倍。可是，说来奇怪，一到作文的时候，不少中学生好像头脑变得迟钝起来，文思很枯涩，也不大有条理了。于是写出来的文章往往是干干巴巴的那么几句，铺陈不开，发挥不畅，甚至于前言不搭后语，连个通顺连[1]贯都做不到。什么道理呢？我想，还得到作文教学工作中去寻找原因。最重里的一点是，必须打破“做”文章的观念，学生的思路才能开展起来。必须在命题、批改、指导等各项具体工作中采取适当的办法，使学生习惯于如实地、自然地“写”出自己的所见、所闻、所思、所感，而不是对着一个无所见、无所闻，或者虽有见闻而无所思、无所感的题目，挖空心思地硬“做”，也不是把自己的所见、所闻、所思、所感，硬“装”进什么“突出中心”，“前后对比”，“倒叙、插叙”种种框子里去。只有当学生习惯于如实地、自然地写的时候，他的思路才能打开，才能得到锻炼。只有让学生的思路得到充分的开拓，变得越来越加活泼而缜密，他的写作能力才会更好更快地发展起来。

有个初中学生写《暑假里的一天》，文章的开头说：这一天天气很好，他一大早就起来，先到户外做了早操，然后回到屋里，拿起一本《唐诗三百首》[2]来，正读到杜甫的绝句“两个黄鹂鸣翠柳”的时候，

[1] 原书中为“条”。

[2]《唐诗三百首》：一部流传很广的唐诗选集。清代康熙年间编订的《全唐诗》，收录诗四万八千九百多首，常人难以全读；此后沈德潜以《全唐诗》为蓝本，编选《唐诗别裁》，收录诗一千九百二十八首，普通人也难以全读。于是，清代乾隆年间蘅塘退士以《唐诗别裁》为蓝本，编选《唐诗三百首》收录诗三百一十首，成为流传最广、影响最大的唐诗普及读本。

两个小朋友跑来找他了。我几乎可以断定，这位同学是在做文章，因为《唐诗三百首》里根本没有杜甫这首绝句。不要以为这样随便说说是件容易的事。完全可以设想，他“做”这个开头是相当费劲的。费这种劲，并不起开拓思路的作用，正相反，倒有束缚思路的开展的作用。中学生作文，没有多少艺术虚构的问题，因为中学的作文课不是艺术创作实习，即使说，也应当锻炼锻炼学生的想象能力，那也得有个分寸——无论如何，写暑假里自己某一天的生活，这里边没有虚构的余地。我们今天的学生，绝大多数的品质都是好的，并不习惯于说谎。那么，为什么他在作文的时候喜欢虚构呢？很值得我们从作文命题和指导方面深入思考一下。

★ 鼓励学生说实实在在的话，不鼓励说空话，说现成话，更不允许说假话。

有一本作文本上有这样的批语：“描写不生动。”又有一本作文本上有这样鼓励学生的批语：“这篇文章，对比的手法用得好。”我不知道，这两个学生下次作文的时候会不会为了怎样写得生动点或者再用一用对比手法而伤脑筋，甚而竟至也去虚构点对比或者别的什么材料。

我以为，鼓励学生说实实在在的话，不鼓励说空话，说现成话，更不允许说假话；不在内容方面提出过高的要求，比如强调必须“中心突出”“说得全面”等等；不在技巧方面多所挑剔或者多所约束；有计划地做一些构思练习，比如，出个题目，要全班学生思考片刻之后，指定几个说说各自打算怎样写法：这样，可能于开拓学生的思路有些好处。

应当重视学生作文的内容，以及从那些内容之中反映出的思想认识上的问题。好的，应当鼓励；有错误的，应当帮助、教育。应当，也有可能通过作文练习来加深学生在某些方面的思想认识。在作文教学中，这些都不容忽视。我们不能满足于学生在不论什么文章的结尾，总是加上那么几句跟内容不见得有联系的“冠冕堂皇”[1]的话。我们更不能在有意无意之间替学生的作文制造出框子。如果那样，对于提高学生的思想，开拓学生的思路，培养学生的写作能力，是没有好处的；对于确切了解学生的思想实际，从而有效地进行教育，也将是不利的。

第三个基本功问题。字、句、篇章的训练，是写作的基本功。作文教学必须解决这个问题。这一点，大家近来都比较重视了（虽然也许有的还做得不够或者不恰当），这里不再多说。

把上边说的意思汇总[2]起来，是不是可以这样

[1] 冠冕堂皇：形容表面上庄严体面或正大的样子，实际上并非如此。含贬义。就是表里不一的感觉。

[2] 汇总：原文为“总”。

看：提高学生的写作能力，要抓紧两个方面，一是基本功方面，一是"功夫在诗外"❶所说的那种诗外的功夫，包括思想水平，活泼而缜密的思路，正确的学习态度，良好的习惯，等等。这两个方面是根本的，至于写作的方法技巧等等，当然也需要训练，然而相对地讲，那是比较次要的，枝节的。现在大家都很重视培养学生的写作能力，这是必要的。可是我有一个感觉：有的教师似乎在枝枝节节的方面用力过多（比如大讲什么顺叙、倒叙、插叙、形容、比喻、夸张、衬托和对比，开头和结尾，等等），而对根本的方面考虑得很少，或者，请恕我用个不恭的说法，有些舍本逐末❷。舍本逐末的结果至少会是事倍功半，甚至于更坏。

要解决态度和习惯问题、思路问题、基本功问题，不能专靠作文课。培养学生的写作能力，是语文教学中各项工作共同担负的一项任务，而阅读教学是这各项工作的中心。没有良好的生活习惯和适当的饮食营养，单靠体育锻炼并不能保证身体健康、强壮，虽然体育锻炼是很重要的；同样，没有良好的阅读教学作基础，单靠作文课并不能达到提高学生写作能力的目的，虽然作文教学决不容忽视。

❶"功夫在诗外"：原是宋朝大诗人陆游在他逝世的前一年，给他的一个儿子传授写诗的经验时写的一首诗中的一句。诗的大意说：他初做诗时，只知道在辞藻、技巧、形式上下功夫，到中年才领悟到这种做法不对，诗应该注重内容、意境，应该反映人民的要求和喜怒哀乐。陆游在另一首诗中又说："纸上得来终觉浅，绝知此事要躬行。"可以知道，所谓"功夫在诗外"，就是强调"躬行"，到生活中广泛涉猎，开阔眼界。

❷舍本逐末：古以农耕为本，工商为末。谓舍弃农耕，从事工商。抛弃根本，追求枝节。比喻做事不注意根本，而只抓细枝末节。

主要应当注意什么

中学的作文教学主要是指导学生解决写什么的问题呢，还是解决怎么写的问题？中学的作文教学主要解决学生应当写什么内容、什么范围之内的事情等问题呢，还是主要解决学生在有了需要写的事物之后怎样整理思路，怎样用语言文字把自己的思想表达出来这个问题？就是说，主要解决认识事物的问题，还是解决反映事物的问题？当然，这二者密切相连，不能截然分开，这里是说“主要”，就是说，教学重点应当放在哪一方面。

★ 当然需要善于分析，善于概括，才能把成绩肯定下来，才能提出经验教训。

要回答这个问题，应当先看一看工作和生活中实际写作的情况。

完成了一项工作任务，想写个总结。有没有“写什么”的问题？显然没有。要写的就是完成任务的经过，取得的成绩，有些什么经验教训等等：这些，都是事实，无需等到提笔写总结的时候临时设想。当然需要善于分析，善于概括，才能把成绩肯定下来，才能提出经验教训。那是思想问题，对事物的认识问题。如果不会写总结，或者写得不好，原因不出两端：或者是思想不对头，思路不清楚，对于做过的事情理不出头绪，作不出评价；或者是语文的基本功不够，遣词造句都没有把握，也就是不知道“怎么写”。总之，不存在“写什么”的问题。生活里有件什么事情需要写封信给别人，这时候有没有“写什么”的问题？显然也没有。既然要写信，当然是有事情需要写，决不会把信纸铺在桌子上才去想“写什么呢”？也有时候，只是由于跟家人或者朋友很久不通信，有些想念，于是要写封信问候一声，报报平安，并没有什么特殊的事情要写。那么，把这个意思写出来就对了，这就是应当写的那个“什么”，无需❶到写信的时候编造个什么事情来写。

这就是说，一个青年离开学校走上工作岗位之后，当他提起笔来要写东西的时候，经常遭遇的不是“写什么”的问题。如果没有什么事情，没有什么意思要写，他干脆就不会提起笔来，因为到那时候，再也没有语文老师要他交作文了，无事可写，何必去搜索枯肠呢？他经常会遇到的问题倒是有了要写的事情而不知道“怎么写”。升入高等学校的学生也一样。作了一次实验，要写份报告。这时候并没有“写什么”的问题。实验报告写不好，也是由于不知道“怎么写”。

如果中学生在毕业后写作的实际确是这样，那么，

❶ 原书为“无需乎”。

中学的作文教学就应当着重指导学生解决“怎么写”这个问题，至少要为他们解决这个问题打好必要的、结实的基础。

★ 我们的作文教学在指导“写什么”这方面花的力气比较多，而在指导“怎么写”这方面花的力气太少。

讨论作文教学，需要先明确这一点。因为我感到，我们的作文教学在指导“写什么”这方面花的力气比较多，而在指导“怎么写”这方面花的力气太少。——这主要表现在命题上，其次也表现在批改上，下边都会谈到。学生将来不常遇到的问题，我们拼命去搞；学生将来会有困难的地方，我们偏不多管。这种现象，不知是否可以认为反映出作文教学有某些脱离实际的问题存在。

需要补充两点意思。第一，这里所谓“怎么写”，并不完全指写作技巧之类的问题，而首先是指思路问题和语文的基本功问题。不知道“怎么写”，就是已经有了要写的意思，而不能把这意思很好地安排组织起来，不能很确切地用语言文字把它表达出来。第二，为了锻炼学生的观察能力和想象能力，适当地在“写什么”这个方面加以指导，还是必要的，而且“写什么”和“怎么写”也有密切的联系。问题在于，必须根据中学作文教学的任务，针对青年在工作和生活中的写作实际，把作文教学所要解决的主要问题搞清楚，不能主次不分，重点不明。

关于命题

出一个题目，叫学生照题目的意思写成一篇文章，这叫“命题作文”。命题作文在我国有长久的历史，现在仍然是作文教学中一个重要的，乃至主要的方式。

★ 传统的命题作文，如果运用得当，对于锻炼学生的构思和想象能力有一些作用。

传统的命题作文，如果运用得当，对于锻炼学生的构思和想象能力有一些作用。但是，这种方式包含着相当严重的毛病。第一，老师所命之题，学生不一定有话说，那就得没话找话，硬“做”文章。姑无论八股文时代那种从四书五经里随便抓一句话甚至一两个字作为题目的办法，就说二三十年前流行的一些题目吧，很多都是这一类的。1935 年左右，清华大学招生考试出过《梦游清华园》的题目。要是学生从来没有想象过清华园里是什么样子，坐在考场里临时去“做梦”，那可够受的。不仅如此，有时候出的题目还很不好懂，得揣摩一番才能摸到“题旨”，这叫作“审题”。如果审题审错了，审偏了，写出文章来就会“走题”。这是写文章呢，还是打哑谜？第二，即使出的题目还平实，不怎么难为人，仍旧有问题，那就是：要求学生无对象、无目的地写文章。比如，《论为学之道》，像这样的题目，一个高中学生不至于完全没话说。可是，为什么要写这篇文章？写给谁看？解决什么问题？命题的人不管这些。韩愈写过《师说》和《进学解》，他是有为而发的；教科书里有时候也选彭端淑的一篇《为学》，那是写给他的孩子们看的，原题就是《为学一首示子侄》[1]。此刻要学生来谈为学之道，是以谁为对象？以什么为目的？这些都不管。于是学生只好用“夫人生天地之间”开场，把自己所懂得的有关为学的道理扯一扯，敷衍成篇。

以上两个问题合起来，可以这么说：传统的命题作文的办法，如果运用得不当，里边就有很坏的东西：使写作神秘化，让学生视写作为畏途，另一方面，又把写作庸俗化，形成学生一种无对象、无目的，为写作而写作，视写作为文字游戏的态度。这跟封建社会的教育思想和培养目标是连在一起的，而跟我们的语言观点和语言教育观点恰相对立。我们认为语言文字是一种工具，写文章不是一件难事，然而是一件严肃的事。我们反对无病呻吟，反对为写作而写作。我们所要培养的能力是正确地运用语言文字，作为生活和学习的工具，为社会主义建设事业服务的工具。近十

[1]《为学一首示子侄》：收录于《白鹤堂文集》，为清代彭端淑作品，作于乾隆九年（公元 1744 年），因彭端淑同族子侄很多，仅其祖父直系就达 69 人之众，但当时连一个文举人都没有，作者见状，甚为忧心，急而训之，所以才写出这篇文章来。通过此文，说明因为人的天资存在昏聪、能力存在庸敏，为学存在难与易，但学与不学的关系可以相互转化，借此劝勉子侄读书求学不要受资昏才庸、资聪才敏的限制，要发挥主观能动性，努力学习，立志成才。

年来，命题作文的办法有了很大的改进，突出地表现在注意联系学生的生活实际和思想实际，绝少有人再出那种云里来雾里去的题目了。只是在另一个问题上注意得还不够，那就是写作的对象和目的问题。比如，北京的老师时常出“北海”之类的题目，这当然可以。不过，为什么要写北海？写给谁看？还是不大管。我认为，不管不好。写北海可以有各种写法，要看写作的对象和目的来定。自己游了北海，游得很愉快，想写篇日记，是一个写法；游北海有所见，有所感，想写篇文章在《少年报》《青年报》，或者学校的墙报发表，另是一个写法；跟友好的国家的小朋友通信，向他介绍一下北海的景物，又是一个写法。如果我们出“北海”这个题目的时候，这样明确一下写作的对象和目的，我相信，这次作文将不是枯燥的，而是有趣的，不是困难的，而是容易的；不是逼[1]着学生想话说，而是确确实实地在锻炼他的思路。我曾经发现，尽管北海是个熟地方，而学生还是对着《北海》这个题目发愣。本来嘛，既无对象，又无目的，叫他从何处说起？换言之，他不知道该“写什么”。其结果，学生只好硬憋出一些话来说说，并不能在“怎么写”的方面受到有益的锻炼。

[1] 原书为“憋”。

近年以来，有些教师感到过去常出的题目有点一般化，容易引导学生说些惯常[1]的话，于是多多少少又出现了一种苗头，想把题目出得“文艺性”一点。有的教师出了“路”“窗”之类的题目，并且得到另外一些教师的赞赏。我觉得，这很值得警惕。“文艺性”的、能够锻炼学生某种想象能力的题目，偶尔出一次，未始不可。然而，要是老出这种题目，那是有问题的。

“审题”的说法，近来也常被提起。如果说，我们现在讲的“审题”，意思正是要学生先明确写这篇文章的对象和目的，那我赞成。如果“审题”的意思是要学生把题目看清楚了再写，不要粗心大意，驴唇不对马嘴地瞎说，我也赞成。如果“审题”的意思跟从前差不多，还是指题目出得“深”，甚至出得“玄”，出得“绝”，得让学生去揣摩老师出这个题目的用意，那我是不赞成的。为什么不把题目出得一看就明白，还得让学生去“审”呢？练习作文，最好是让学生心中先有个“什么”要写，然后着重去考虑“怎么”个[2]写法，着重注意把语言写通，不要让他去搜索枯肠[3]。试想，我们的学生毕业之后，哪里还会有什么题目让他去“审”？他在工作和生活中要写东西的时候，不是写别人出给他的题目，而是写他自己知道的事情或者

[1] 原书为“照例”。

[2] 原书中无“个”。

[3] 搜索枯肠：形容写作思路贫乏及极力冥思苦想竭力思考的样子。

自己的思想感情，等写好以后，由自己给文章安上个题目。那么，为什么要花很大力气去教给他一套终生用不着的“审题”的本领，而不用这份精力教给他终生要用的“怎么写”的本领呢？

那么，到底应当怎样命题？第一，无对象、无目的的那种作文题目，可以出，但是不宜过多；有对象、有目的的写作，应当作为训练的重点。前者就是只出个“北海”“我的邻居”“为什么早起”之类的题目，不确定写给谁、为什么写，也就是一般所说的命题作文。这种办法可以用，因为能够进行有关记叙、描写、议论和布局、谋篇的一般训练；不宜于多用，因为这种作文比较难，往往使学生不知道从哪儿说起，而作得多了，容易养成为作文而作文、敷衍虚构、矫揉造作❶，甚至形式主义的写作态度和习惯。后者不是仅仅写出几个字作题目，而是根据一种实际情况，明确一种具体目的，让学生去写文章。下边举几个例子：

1. 有一个没到过北京的亲戚最近要来北京，并且要到学校来看你。写一段文章，告诉他下了火车之后怎样找到你的学校。注意把学校所在的街道和学校门口的情形写清楚，使他根据你的说明很容易地找到地方。

2. 写一篇文章向学校的墙报投稿，介绍西郊

❶ 矫揉造作：出自清代曹雪芹《红楼梦》第五十一回：黛玉拦道：“这宝姐姐也忒胶柱鼓瑟，矫揉造作了。”比喻故意做作，不自然。

动物园（或者你最近去过的其他公园）近来有些什么新的景色，劝同学们在星期日去游览。

3．弟弟（或者妹妹，或者邻居家的孩子）爱淘气，不用功。写一个你所认识的刻苦努力、品质和学习都好的同学，作为榜样，劝你弟弟向他学习。

4．写你某一天的生活和学习的情况，向外国的少年报刊投稿，让外国的少年们知道我们社会主义中国中学生的学习生活。

5．你喜欢读小说吗？有人很不赞成读小说，理由是：读小说只是知道些故事，对思想和学习没有什么帮助；读小说容易入迷，以至影响学习，甚至妨碍健康。你同意吗？如果你同意，写篇文章支持他；如果你不同意，反驳他。

★ 小而至于日常生活的琐事，大而至于国际和国内的大事，凡属学生接触到的，能理解的，都有题目可出，并且是有趣味的和有意义的。

出这类的题目，天地是非常广阔的。写人、写物、记景、记事、说理、辩论，小而至于日常生活的琐事，大而至于国际和国内的大事，凡属学生接触到的，能理解的，都有题目可出，并且是有趣味的和有意义的。这样的题目，不难作，因为对象和目的明确，有话说；有趣味，因为确确实实地触及学生的生活和思想；有好处，因为能使学生感觉到周围的事物样样都值得观察，值得思考，久而久之，会培养成良好的观察和思考的习惯，使思路趋向于活泼而缜密；有意义，因为这是在确实地训练学生把语言文字和写作当作生活、学习和工作的工具来掌握，运用。适当地采用这种方式，可以破除学生怕作文的心理和为作文而作文，硬“做”文章的习惯。

其次，需要正确地处理模仿和创造的关系。模仿，是学习的必经之路。不仅初入学的孩子爱模仿，中学生、大学生，以至早已离开学校的成年人，都在有意无意之间模仿自己认为好的事物。创造，也是一个必然的活动。两个人比着同一个葫芦画瓢，照着同一只猫画虎，画出来决不会完全一样，每个人画的都有自己的个性在内。并且，创造是目的，模仿正是为了创造。模仿既是必然的，就应当有意识地指导学生正确地模仿，而不要让模仿活动自流，因为自流就要产生流弊。模仿既然只是个学习过程，不是目的，就不能以教学生会模仿为满足，而要不断地从模仿之中跳出来，把学到的好东西化为自己的，在自己的创造活动中去活用。教过鲁迅先生的《一件小事》❶，教师住往也给学生出个“一件小事”的作文题；教过朱自清先生的《春》❷，有的教师就出了个“夏”。这样命题未始不可，但是要有选择，有节制，不能太多。更重要的是，要有指导，最好跟前边说的对象和目的问题联系起来考虑，不能流于纯粹形式上的抄袭。

❶《一件小事》：鲁迅先生的一篇短篇小说，收入作品集《呐喊》。《一件小事》的特点是短小精悍，内容警策深邃。全文仅一千字左右，作品描写的是日常生活中的一件小事。在五四运动时期能有如此认识是很不寻常的，具有深远的社会意义。车夫的负责任和“我”的自私产生了强烈的对比，增加了“我”的渺小感，凸显出车夫的伟大。

❷《春》：朱自清先生的一篇散文，写作时间应该是在1932年下半年或1933年上半年。1932年8月，朱自清漫游欧洲归来，不久便与陈竹隐女士结为夫妻，同年9月出任清华大学中国文学系主任；1933年4月又喜得贵子，心境愉悦，所以，《春》这篇文章体现出了他乐观向上的情绪。

关于批改和评分

要不要“精批细改”，这是个有争论的问题。我认为，应当精批细改。不过，必须加个说明；“精”“细”云云，不是从数量上说的，而是从质量上说的。一一解决问题、对学生确有帮助的批改就是“精批细改”，不在于教师在学生作文本上写的字数多少。草率马虎，信手拈来，随便抓几个错字改一改，随便批上一句不痛不痒的评语，诸如“通顺”“中心意思很好”之类，这自然不是精批细改；为批改而批改，吹毛求疵，繁琐支离，红字连篇，学生看都看不明白，这样的批改，教师苦则苦矣，“细”则未必，“精”尤其谈不到。只有针对作文里重要的优点、缺点、错误，切中肯綮❶，要言不烦，富有启发性，能收举一反三的功效的批改，才是精细批改。

❶ 切中肯綮：形容技艺高超，后比喻切中要害，找到了解决问题的好办法。出自《庄子·养生主》。切中，正好击中。肯綮，是指筋骨结合的地方，比喻最重要的关键。

批什么？我想，三类东西需要批。第一，作文里有突出的优点，必须让学生意识到，自觉地去巩固和进一步发扬的，或者有严重的缺点（包括思想认识上的问题），必须让学生认识清楚，自觉地去纠正的，要批。第二，全文在结构组织方面的重要毛病，例如前后不连贯、结构混乱、自相矛盾等等，要批。这种问题是重要的，不能放过；然而不能由教师越俎代庖，替学生重做，只能批出来，要他自已去考虑。第三，重要的修改，而学生可能意会不出修改的道理的，要用旁批说明。如果这三种情况都没有，我看就可以不批。为批而批，硬“做”文章，于教师是件苦事，批出来的必然不痛不痒，于学生毫无益处。这种事情，何必去做？

改什么？当然是把错的改对，把不好的改好。这里有两个问题值得注意。第一，确是错的才改，确是很不好的才改。可此可彼的，宁可不改。古人说，“辞达而已矣。”定尺度，不要不切实际地高，运用既定尺度，则应当严格、严肃、一丝不苟。有关基本功方面的，宜于从严，错字连篇、文理不通、语无伦次的现象，不能容许；有关方法技巧方面的，宜于从宽。教师尤其不能凭主观好恶办事。有的教师喜欢简洁朴素，见到作文里多用了个形容词就给删去，“因为”“所以”之类的虚词，尽量不留，略微长些的句子，总要想法改短。也有的教师恰恰相反，总觉得学生作文“干巴”“幼稚”，总想替他添补些东西，搞得“丰富”些，“美”些。这些，我看都是吃力不讨好的做法。第二，拿起一篇作文，得先通读一遍，对它有个看法，然后

★ 改什么？当然是把错的改对，把不好的改好。

动手改。如果这篇作文里基本的语言错误还很多，那就可以着重从正误方面来改，好坏问题先不多管，但求通顺而已；如果本来已经相当通顺，那就可以在一些紧要处去多推敲一下，把一些说得平常的话改得好一些，有力一些。如果不太麻烦，把正误方面的修改和好坏方面的修改，或者说把“改正”和“润饰”区别开，让学生也能知道，比如用墨笔改正，用红笔润饰，我想会有好处。一个学生如果看见自己的作文本上黑字很多，他会注意一下，“原来我的作文里还有许多不通的地方！”如果他看见有一些红字，他会有兴趣来比一比，看看老师改的比自己的原话好在哪里。为了使修改有明显的重点，能针对学生的主要问题，对学生多有些帮助，我觉得最好先批后改。先批，使自己明确地抓住了这篇作文的特点，下笔修改就会心中有数，这比眉毛胡子一把抓地改了一通之后再想批语的办法要好些。

★ 修改的详略不一定篇篇一样。

修改的详略不一定篇篇一样。问题比较少的作文可以通篇细改；问题比较多的可以通篇粗改，局部细改，就是说，某一两段逐字逐句地修改，别的段落就只大致通顺一下，不细改；问题太多的甚至可以只改一段，其余各段都不改，至多用旁批指一指重要的问题。局部细改，学生可以把这一段的修改情形仔细看看，揣摩揣摩；问题多而通篇细改，势必红字（或黑字）满纸，而面目全非，学生想揣摩揣摩也无从下手，就只好往抽屉里一塞了事。

应当养成学生自己修改作文的习惯。两种作文特别适宜于发还自改，改后再交。一种是写得潦草马虎，不太用心的作文：卷面很乱，有许多不当有的错别字、不当有的病句和不合事理的话。这种作文不能接受，可以批一下，用符号指出那些不应有的错误，发还自改。一种是写得好的作文：文字清通[1]，没有什么错误，并且有一定的意境，只是发挥得不畅，或者还有某些缺点。这种作文可以用批语建议一些改进的办法，发还自改，这样倒可以使学生得到更大的启发，受到更多的锻炼，因而提高进步得更快。对于基础好、喜欢作文的学生，这比替他修改更能满足他的需要。有些作文，可以三番两次地发还自改。间或可以这样办：学生交了作文，先搁起来，搁上一两个月再发还学生自己去检查，修改。学生自己发现了一两月前作文里有某些错误和缺点，自己修改了，而老师肯定了他的修改的时候，学生将会清楚地看到自己的进步，增强学习的信心，并且巩固了学习的收获。

[1] 清通：指文章层次清楚，文句通顺。

这里可以连带考虑一下评分问题。给作文评分是件难事。我了解，教师为了给每篇作文画个公允的分数，花费的时间是很不少的。学生呢？拿到作文本把分数一看就完事。得了个好分数，满意了；得了个坏分数，叹口气而已，反正事已如此，无可奈何了。总之，教师花在评分上的时间不能取得多少积极的功效。不仅如此。如果一个学生连着得好分数，当然也可能提高了积极性，更高地要求自己，但是产生骄傲自满情绪，至少产生放心之感的可能性，也是不小的。如果一个学生连着得坏分数，当然也可能激起发愤努力，迎头赶上的思想，可是打击了信心，或者产生了不在乎的情绪，这种可能性也是有的。因此，有些学生的作文可以不每次评分。发还自改的作文，可以等到改回来再评；不用功的学生，甚至评他一两次坏分数之后再也不评，一直留到学期末尾总评。没得分，学生就认为没完事、没过关，他还得加油。

★ 当面批改是个好办法。

当面批改是个好办法。现在班大，学生多，经常这样做有困难。每个学生每学期轮上一次，应该办得到。就这么一回，尤其是在自己反复修改两次之后，效果会是很大的。

把学生写得好的和写得不好的一两篇作文拿到堂

上作示范批改，能对全班学生有启发作用，间或用一用这个办法，也会收到良好的效果。

在批改作文的问题上，特别用得上“因势利导”❶这个原则。无论是批，是改，都不能离开学生的实际，又不能没有个明确的方向和准则。针对实际，就是“因势”；合乎正确的方向和准则，才能“利导”。真正做到因势利导，教师能少做许多无谓的工作，节省不少的时间精力，而于学生则大有裨益。“以身作则”是批改作文中另一个重要原则。教师写的字工整，一笔一画，一个标点都不苟且，决不写不通的句子，不说似是而非的或者虚应故事的话，这对学生有极大的示范作用。反之，如果教师自己在这些地方马虎随便，而要求学生严肃认真，那怎么能办得到呢！

❶ 因势利导：顺着事情发展的趋势，向有利于实现目的的方向加以引导。

上边说的一些办法，未必都好，有的甚至不对头。还过得去的，请参考；不对的，请指正，至少不去理它。千万不要不加选择地“全盘接受，照搬照用”。我之所以敢于把一些很不成熟的看法提出来，只是基于这么一种想法：要改进作文教学，第一要好好研究些问题，第二在方式方法方面多动脑筋，多想方法——总之，不能一味地抱着一些老框框办事。传统的做法中有好经验，例如精批细改和当面批改等，要吸取；

有的有毛病，例如命题作文的某些方面，要分辨；更需要根据教学目的，针对实际情况，多创造些新的经验。这个想法，倒是愿意提供同志们多加考虑。说到最根本处，要提高学生的写作能力，还得从阅读教学入手，从基本训练入手。阅读教学搞得好，基本训练搞得好，学生一定会具有较好的表达能力，作文教学的根本问题就可以迎刃而解了。

★ 说到最根本处，要提高学生的写作能力，还得从阅读教学入手，从基本训练入手。

1962 年

十七　写作教学要重视实用性

我们历来对写作教学很重视，在中小学语文教学中，写作教学也是一个突出的被重视的问题。社会对于青少年一代写作能力不能适应需要的现象也表现了很大的关心。所以，教师在语文教学中用在写作教学中的时间和精力是很不少的。有小作文、大作文，有各种写作练习，学生们练得辛辛苦苦，教师们也指导得辛辛苦苦，可是写作能力不够用的现象仍然存在。且不说小学毕业、初中毕业、高中毕业了，进一步到高等学校学习了，不会记笔记，不会看参考书，不会做摘要，学理工科的不会写实验报告也是很普遍的事；甚至从高等学校毕业了，当医生的写不好病历，当技

★ 我们历来对写作教学很重视，在中小学语文教学中，写作教学也是一个突出的被重视的问题。

术员的写不好研究论文，做商业工作的写不好产品说明，这些事情也是很不少的。

在学校里，花在写作教学上的时间和精力那么多，离开学校后写作能力不能满足学习、工作和生活的需要，这是什么原因呢？很重要的原因就是对写作教学的实用性重视不够。其实，这个问题并不是今天才有的，而是数百年来写作教学旧传统的延续。封建社会后期的科举考试，专门考八股文。就是随意从四书五经[1]里拿出一个句子或词语，叫应考的人以它为题写文章。考生们就围绕所出的题目大发空论，至于文章要解决什么问题，则完全可以不管。无非是拿它当块敲门砖，希图给考官看中，达到考取做官的目的。这种文章在实际生活中，在工作中，完全是没有的，因此也就没有什么生命力。但是由于这种作文方式延续了几百年，源远流长，影响很深，所以今天我们的写作教学也难免没有它的影子。这表现在：我们有些同志在写作教学中总喜欢出一些大而空泛的题目，或出一些风花雪月之类的题目，对于日常生活和工作中常用的表达方式则练习得很不够。其结果，必然使写作教学走上脱离实际的道路。

为什么不能练习一些应用文呢？这里，恐怕有这

[1] 四书五经是四书和五经的合称，是中国儒家经典的书籍。四书指的是《论语》《孟子》《大学》和《中庸》，这些是古代必考的内容；而五经指的是《诗经》《尚书》《礼记》《周易》《春秋》，简称为“诗、书、礼、易、春秋”。四书五经是南宋以后儒学教学的基本书目、儒生学子的必读之书。

样两种片面的认识。一是认为应用文只是一个格式问题，没什么可练的；一是认为应用文的格式和用语太复杂，练起来太难。其实这些认识，同样是受了写作教学旧传统的影响。在封建社会后期，与八股文并存的就是那些繁琐的应用文，凡是日常生活和工作中实际应用的文体都有非常复杂的格式和一套虚伪的用语，从而使人们对这种东西视为畏途。有些人专门以写这种文章为职业，这就是衙门里的那些书吏[1]。这种应用文同八股文一样，同样是封建社会后期一种没落的东西，然而也是由于它实行了几百年，影响十分深远，以至我们今天一提到应用文，首先想到的就是那些麻烦的格式和套语。在教学中也往往只注重形式上的指导，而忽视语言表达艺术的训练。

[1] 书吏：清代朝廷内外各官署吏员总称，在朝廷各机构者称部办。秉承主官意旨，承办公事。属雇员性质：往往父子师徒相传为业。

写文章要注重实用。凡是有价值的作品，无论是文学作品还是科学著作，都是为了解决一定的问题，写给一定的对象的，也就是说写作从来是有实用目的的。所谓实用，有的直接些，直接处理学习、工作、生活里的实际问题；有的间接一些，比如文学作品，作家总是要表达一种他认为对人、对社会有益处的思想，或者塑造一些美好的形象去影响别人；或者塑造一些反面形象去教育别人，没有任何写作目的的文学作品是没有的。在长期的封建社会里，真正的有识之士，他们不论写什么东西，也都是注重实用性的。或是为了说明思想，表达感情，或是为了把他们的所知、所见、所得传播给别人。即使是写应用文，也并不只是在格式、体例上下功夫，而是注重语言的表达艺术。所以我们历史上保留下来许多既是应用文而同时又是文学作品的优秀文章。例如给皇帝上书的表章，这是应用文，李密的《陈情表》[1]就写得非常感人，语言运用艺术达到了登峰造极的地步，所以它感动了皇帝，允许他辞去授给他的职务。祭文也是一种应用文，韩愈的《祭十二郎文》[2]就充满了真情实感，亲切动人。他们的文章都没有翻弄那些陈辞滥调，没有丝毫的八股腔。如果说，我们要吸取前人写作教学的经验，就应该从这两方面去吸取。所谓两方面，就是说，一方面要非常重视写作的实用性，不要为写而写，不做游戏笔墨；另一方面就是在写一些应用文章时，也要注重语言的表达艺术。

顾炎武在《日知录》[3]中批评科举考试和八股文，说："今之经义策论，其名虽正，而最便于空疏不学之人。"我们今天已废弃了八股文，但是，如果我们的写作教学老是在那里引导学生说空话，抒发一些矫揉造

[1]《陈情表》：西晋李密写给晋武帝的奏章。文章叙述祖母抚育自己的大恩，以及自己应该报养祖母的大义；除了感谢朝廷的知遇之恩以外，又倾诉自己不能从命的苦衷，真情流露，委婉畅达。

[2]《祭十二郎文》：唐代韩愈作品，写于贞元十九年，文章中的十二郎是指韩愈的侄子韩老成，十二郎与韩愈两人自幼相守，由长嫂郑氏抚养成人，共患难，因此感情特别深厚。但是长大之后，韩愈本人在外漂泊，与十二郎很少见面。孟郊告知韩老成六月二日已逝，但韩愈又疑问六月二十二日老成还在写信，种种的疑点让韩愈悲从中来。

[3]《日知录》：明末清初思想家顾炎武的代表作，对后世影响巨大。以明道、救世为宗旨，囊括了作者全部学术、政治思想，具有经世、警世内涵。

作的感情，同样培养不出有真才实学的人。因此，我认为，写作教学的当务之急是应该多练一些实际有用的文章。在学校不指导，将来用着了再去摸索，就是一个很大的浪费。

（原载《语文战线》1982 年第 1 期）

★ 写作教学的当务之急是应该多练一些实际有用的文章。